4. Schuljahr

Marion Brugger

Wochenplan
Sachrechnen

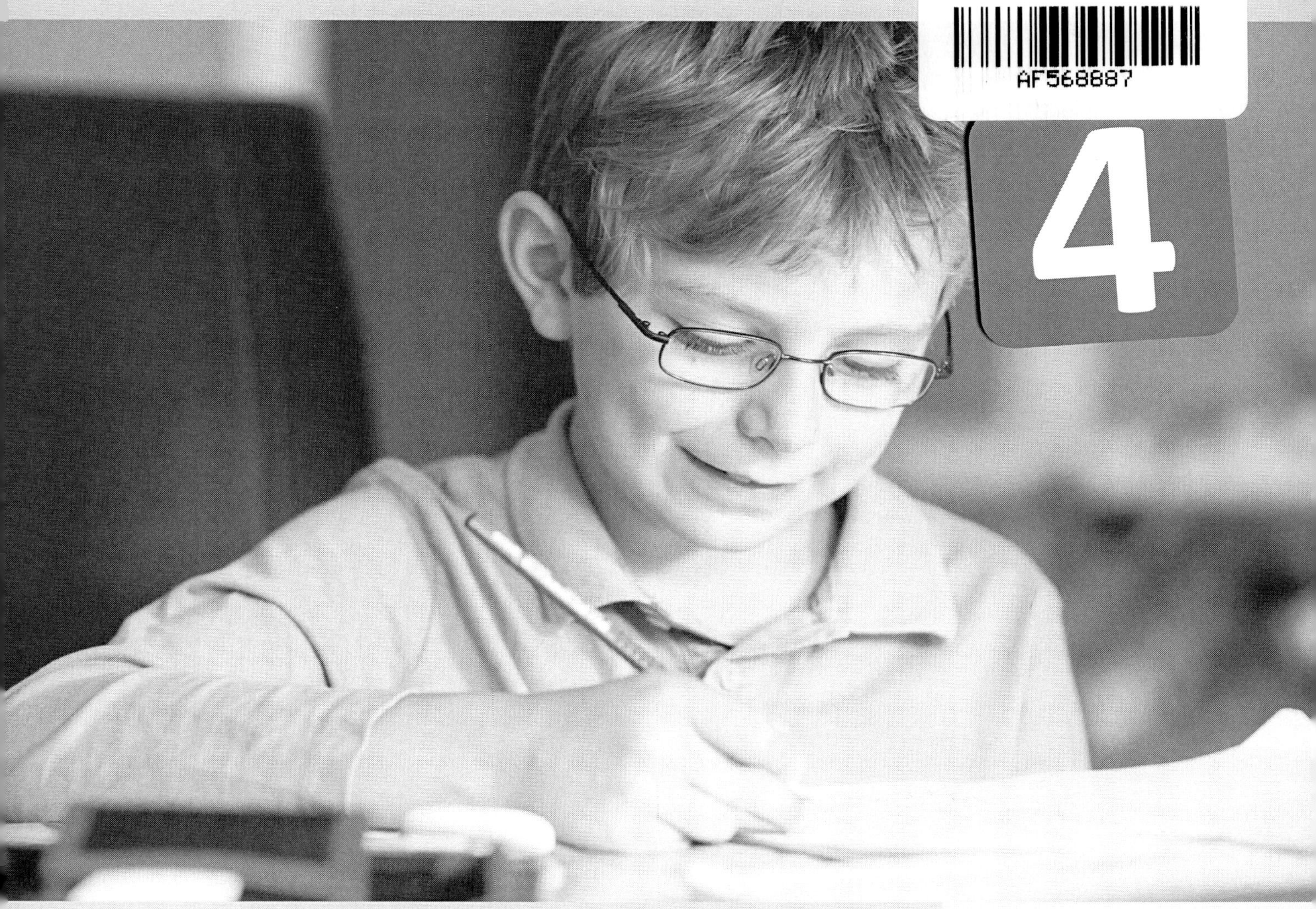

4

- Jede Woche übersichtlich auf einem Bogen
- Einteilung in 5 Einheiten
- Mit Lösungen

www.kohlverlag.de

Wochenplan Sachrechnen

4. Schuljahr

1. Auflage 2022

Inhalt: Marion Brugger, MA BEd.
Coverbild: © Joshua Resnick - AdobeStock.com
Redaktion: Kohl-Verlag
Grafik & Satz: Kohl-Verlag
Druck: farbo prepress GmbH, Köln

Bestell-Nr. 12 662

ISBN: 978-3-98558-055-2

Bildquellen:

AdobeStock.com:

S.2: Africa Studio; S. 5-79: Do Ra; S. 5: malosdedos; S. 7: Alexey Bannykh; S. 9: malosdedos; S. 11: malosdedos; S. 13: Alexey Bannykh; S. 15: malosdedos; S. 17: Alexey Bannykh; S. 19: Alexey Bannykh; S. 21: malosdedos; S. 23: malosdedos; S. 25: malosdedos; S. 27: malosdedos; S. 29: Alexey Bannykh, ; S. 31: malosdedos; S. 33: Alexey Bannykh; S. 35: malosdedos; S. 37: malosdedos; S. 39: malosdedos; S. 41: malosdedos; S. 43: malosdedos; S. 45: Alexey Bannykh; S. 47: malosdedos; S. 49: malosdedos; S. 51: malosdedos; S. 53: malosdedos; S. 55: malosdedos; S. 57: Alexey Bannykh; S. 59: malosdedos; S. 61: Alexey Bannykh; S. 63: Alexey Bannykh; S. 65: Alexey Bannykh; S. 67: malosdedos; S. 69: Alexey Bannykh; S. 71: malosdedos; S. 73: Alexey Bannykh; S. 75: Alexey Bannykh; S. 77: malosdedos; S. 79: Alexey Bannykh;

Clipart.com: S. 29; S. 39;

Wochenplaninhalte

Seite	Thema	Lerninhalte
5/6	Brettspiel	Additionen & Subtraktionen im ZR bis 100
7/8	Eichhörnchen	Zweistellige Divisionen & Multiplikationen im ZR bis 10.000
9/10	An welche Zahlen denken die Kinder?	Grundrechenarten im ZR bis 10.000
11/12	Wer ist schwerer?	Grundrechenarten im ZR bis 100.000, Gewicht (mg, kg)
13/14	Oma Milli	Grundrechenarten im ZR bis 1.000, Längen (cm, dm, m)
15/16	Plätzchen backen	Grundrechenarten im ZR bis 1.000, Gewicht (mg, kg)
17/18	Pizza	Bruchrechnen
19/20	Wochenaufgabe Logical	In der Bücherei
21/22	Rummelplatz	Grundrechenarten im ZR bis 10.000, Geld (ct, €)
23/24	Baden oder duschen?	Zweistellige Divisionen im ZR bis 10.000, Flüssigkeiten (l)
25/26	Staffellauf	Zweistellige Divisionen im ZR bis 100.000, Zeit (s, min), Längen (m, km), Geld (€)
27/28	Der Roboter	Grundrechenarten im ZR bis 10.000
29/30	Der Weihnachtsmann	Überschlagsrechnen im ZR bis 10.000, Gewicht (g, kg), Geld (ct, €)
31/32	Torten	Zweistellige Multiplikationen im ZR bis 100.00, Geld (ct, €)
33/34	Pinocchio	Grundrechenarten im ZR bis 10.000, Längen (cm, dm, km)
35/36	An welche Zahlen denken die Kinder?	Grundrechenarten im ZR bis 10.000
37/38	Wie groß bist du?	Grundrechenarten im ZR bis 1.000, Längen (mm, cm)
39/40	Anschaffungen	Grundrechenarten im ZR bis 100.000, Geld (ct, €)
41/42	Papierfliegerwettbewerb	Additionen & Subtraktionen im ZR bis 10.000, Längen (cm, dm, m)
43/44	Skifahren	Additionen & Subtraktionen im ZR bis 1.000, Längen (cm, dm, m)
45/46	Die Königin	Grundrechenarten im ZR bis 100.000
47/48	Das Baby	Additionen & Subtraktionen im ZR bis 10.000, Zeit (Woche, Monat), Geld (ct, €)
49/50	Tennisspiel	Grundrechenarten im ZR bis 1.000, Zeit (min, h), Geld (€)
51/52	Räubertochter Ronja	Grundrechenarten im ZR bis 1.000, Zeit (min, h, d, Woche), Längen (cm, dm,m)
53/54	An welche Zahlen denken die Kinder?	Grundrechenarten im ZR bis 100.000

Wochenplaninhalte

Vorwort

Sehr geehrte Pädagogin, sehr geehrter Pädagoge, sehr geehrte Eltern!

Sachaufgaben zählen zu den schwierigsten Aufgaben im Mathematikunterricht der Grundschule. Gerade deshalb sollten sie oft geübt werden. In dem vorliegenden Buch finden Sie dazu viele fröhliche, fantasievolle Aufgaben, die den Kindern Freude am Rätseln und Lösen der Textbeispiele bereiten. Den jeweiligen Lernbereich entnehmen Sie dem Inhaltsverzeichnis. Die Wochenaufgaben widmen sich jeweils einer Geschichte und können auf fünf Tage aufgeteilt werden. Dabei nimmt das Lösen einer Sachaufgabe etwa 5 bis 10 Minuten ein. Die Aufgaben eignen sich somit als tägliche zusätzliche Übung oder Zusatzaufgabe und können auch während des Unterrichts jenen Kindern angeboten werden, die mit der Schulübung bereits fertig sind.

Wir wünschen Ihnen und Ihren Schülerinnen und Schülern viel Freude mit dem Material, der Kohl-Verlag und

Marion Brugger (MA BEd)

Thema: Brettspiel **Wochenplan:** ______

Name: ______________ **Klasse:** ______ **Datum:** ______

Montag

erledigt ☐
kontrolliert ☐

Sina, Alexios, Mama und Papa spielen ein Spiel. Auf dem Spielplan sind 100 Felder. Mama führt in der ersten Runde um 5 Felder. Sinas Spielfigur befindet sich hinter Mamas. Alexios und Papa sind beide auf Feld 39, 8 Felder hinter Sinas Spielfigur. Auf welchem Feld befindet sich Mamas Spielfigur?

Dienstag

erledigt ☐
kontrolliert ☐

In der zweiten Runde kann Sina Mama überholen. Alexios überholt mit seiner Spielfigur Papa. Als Sina auf das Feld 100 kommt ist Papa immer noch Letzter und 32 Felder hinter Sina. Auf welchem Feld befindet sich Papas Spielfigur?

Mittwoch

erledigt ☐
kontrolliert ☐

In der dritten Runde ist Sinas Spielfigur auf Feld 72, Mamas Spielfigur auf Feld 75. Da ziehen beide eine Bonuskarte. Mama darf 12 Felder vorrücken, Sina 16 Felder. Wer von den beiden führt nun?

Donnerstag

erledigt ☐
kontrolliert ☐

Im gesamten Spiel hat Sina 7-mal die 6 gewürfelt. Wie viele Punkte sind das insgesamt?

Freitag

erledigt ☐
kontrolliert ☐

Finde eine passende Frage und löse die Aufgabe!
Kurz vor Ende des Spiels zieht Alexios eine Bonuskarte und darf um 25 Felder vorrücken. Nun befindet er sich auf Feld 97.

Wochenplan Sachrechnen / Klasse 4 – Bestell-Nr. 12 662

Thema: Brettspiel **Wochenplan:** ______

Name: ______________________ **Klasse:** ______ **Datum:** __________

Montag **Lösung**	R: 39 + 8 + 5 = 52 A: Mamas Spielfigur befindet sich auf Feld 52.
Dienstag **Lösung**	R: 100 − 32 = 68 A: Papas Spielfigur ist auf Feld 68.
Mittwoch **Lösung**	R: 72 + 16 = 88 R: 75 + 12 = 87 A: Sina führt nun.
Donnerstag **Lösung**	R: 7 • 6 = 42 A: Das sind insgesamt 42 Punkte.
Freitag **Lösung**	Individuelle Lösungen möglich.

Thema: Eichhörnchen **Wochenplan:** ______

Name: ____________________ **Klasse:** ______ **Datum:** ________

Montag

☹ 😐 ☺

erledigt ☐
kontrolliert ☐

Eichhörnchen Quirrli sammelt Haselnüsse für den Winter. In seinem Vorrat liegen bereits 945 Haselnüsse. Quirrli frisst im Winter jeden Tag 27 Haselnüsse. Wie viele Tage kommt er mit dem bereits gesammelten Vorrat aus?

Dienstag

☹ 😐 ☺

erledigt ☐
kontrolliert ☐

Quirrli muss noch weitere 98 kalte Wintertage mit seinem Vorrat auskommen. Wie viele Haselnüsse muss das Eichhörnchen dafür noch sammeln?

Mittwoch

☹ 😐 ☺

erledigt ☐
kontrolliert ☐

Quirrli entdeckt einen großen Walnussbaum. Unter dem Baum liegen 385 Nüsse. Quirrli kann 11 Nüsse auf einmal zu seinem Versteck tragen. Wie oft muss Quirrli zum Baum laufen, um alle Nüsse zu sammeln?

Donnerstag

☹ 😐 ☺

erledigt ☐
kontrolliert ☐

Aus seinem Vorrat hat Quirrli einige Haselnüsse genommen und auf 46 Verstecke verteilt. In jedem Versteck liegen 27 Haselnüsse. Wie viele Haselnüsse hat Quirrli aus seinem Vorrat genommen?

Freitag

☹ 😐 ☺

erledigt ☐
kontrolliert ☐

Setze ein, finde eine passende Frage und löse die Aufgabe!
Die Kinder der 4a Klasse haben 24 kleine Futterringe gebastelt. In jedem Futterring befinden sich _______ Kürbiskerne.

KOHL VERLAG Wochenplan Sachrechnen / Klasse 4 – Bestell-Nr. 12 662

Thema: Eichhörnchen **Wochenplan:** ______

Name: ______________________ **Klasse:** ______ **Datum:** __________

Montag **Lösung**	R: 945 : 27 = 35 A: Quirrli kommt 35 Tage mit dem Vorrat aus.
Dienstag **Lösung**	R: 98 • 27 = 2646 A: Quirrli muss 2646 Haselnüsse sammeln.
Mittwoch **Lösung**	R: 385 : 11= 35 A: Quirrli muss 35-mal zum Baum laufen.
Donnerstag **Lösung**	R: 46 • 27 = 1242 A: Er hat 1242 Haselnüsse aus seinem Vorrat genommen.
Freitag **Lösung**	Individuelle Lösungen möglich.

Thema: An welche Zahlen denken die Kinder? **Wochenplan:** ______

Name: ______________________________ **Klasse:** ________ **Datum:** ____________

Mo-Fr	An welche Zahlen denken die Kinder? Schreibe sie in die Tafeln hinein.

An welche Zahlen denken die Kinder? Schreibe sie in die Tafeln hinein.

1. „Wenn du zu meiner Zahl das Produkt von 4 und 9 dazu zählst, erhältst du 80."
   Die Zahl heißt: ______________

2. „Meine Zahl ist um 502 kleiner als das Produkt von 264 und 29."
   Die Zahl heißt: ______________

3. „Meine Zahl ist um das Doppelte größer als die kleinste vierstellige Zahl."
   Die Zahl heißt: ______________

4. „Meine Zahl ist die Differenz von 2986 und 1765."
   Die Zahl heißt: ______________

5. Denke dir heute selbst ein Zahlenrätsel aus!

☹ 😐 ☺

erledigt ☐

kontrolliert ☐

KOHL VERLAG Wochenplan Sachrechnen / Klasse 4 – Bestell-Nr. 12 662

Thema: An welche Zahlen denken die Kinder? **Wochenplan:** ______

Name: ______________________ **Klasse:** ______ **Datum:** __________

Mo-Fr

Lösung

❶ R: $4 \cdot 9 = 36$
R: $80 - 36 = 44$
A: Die Zahl heißt 44.

❷ R: $264 \cdot 29 = 7656$
R: $7656 - 502 = 7154$
Die Zahl heißt 7154.

❸ R: $1000 + 1000 = 2000$
Die Zahl heißt 2000.

❹ R: $2986 - 1765 = 1221$
Die Zahl heißt 1221.

❺ Individuelle Lösungen möglich.

Thema: Wer ist schwerer? **Wochenplan:** ______

Name: ______________________ **Klasse:** ______ **Datum:** ______

Montag ☹ 😐 ☺ erledigt ☐ kontrolliert ☐	Die Kinder der 4b stellen sich auf die Waage. Lorenz wiegt genauso viel wie Anne. Anne ist drei Kilogramm und 16 Gramm leichter, als Gloria. Gloria wiegt 30 Kilogramm und 50 Gramm. Wie schwer sind Lorenz und Anne?
Dienstag ☹ 😐 ☺ erledigt ☐ kontrolliert ☐	Gloria ist zwei Kilogramm und 75 Gramm schwerer, als Markus. Markus' Zwillingsbruder Anton ist um 24 Gramm leichter, als er selbst. Markus und Anton wiegen zusammen so viel wie die Klassenlehrerin, Frau Honig. Wie schwer ist Frau Honig?
Mittwoch ☹ 😐 ☺ erledigt ☐ kontrolliert ☐	Der Leichteste in der 4b ist wohl Klassenmaskottchen Elmar, der Plüschelefant. Elmar wiegt achtmal weniger, als Mohammed. Mohammed wiegt um 50 Gramm weniger, als Gloria. Wie viel Kilogramm und Gramm wiegt Elmar?
Donnerstag ☹ 😐 ☺ erledigt ☐ kontrolliert ☐	Gabi, Lucy und Jana sind die drei leichtesten Mädchen in der 4b. Zusammen wiegen sie 76 Kilogramm und 800 Gramm und sind somit um 18 Kilogramm und 300 Gramm leichter als Gabriel, Max und Razo, die drei schwersten Buben der Klasse. Die drei schwersten Buben wiegen alle drei exakt gleich viel. Wie schwer ist Max?
Freitag ☹ 😐 ☺ erledigt ☐ kontrolliert ☐	Welche dieser Fragen kannst du mit dem, was du bis jetzt erfahren hast, nicht beantworten? Kreuze an: O Um wie viel Kilogramm ist Frau Honig schwerer als Elmar? O Wie viel wiegt Jana? O Wie schwer sind alle Buben der 4b zusammen? O Wie viel wiegen Razo und Lorenz zusammen?

Wochenplan Sachrechnen / Klasse 4 – Bestell-Nr. 12 662

Thema: Wer ist schwerer? **Wochenplan:** ______

Name: ______________________ **Klasse:** ______ **Datum:** ______

Montag **Lösung**	R: 30050 g – 3016 g = 27034 g A: Lorenz und Anne wiegen 27 kg und 34 g.
Dienstag **Lösung**	R. 30050 g – 2075 g = 27975 g R: 27975 g – 24 g = 27951 g R: 27975 g + 27951 g= 55926 g A: Frau Honig wiegt 55 kg und 926 g.
Mittwoch **Lösung**	R: 30050 – 50 g = 30000 g R: 30000 g : 8 = 3750 g A: Elmar wiegt 3 Kilogramm und 750 Gramm.
Donnerstag **Lösung**	R: 76800 g + 18300 g = 95100 g R: 95100g : 3 = 31700 g A: Max wiegt 31 kg und 700 Gramm.
Freitag **Lösung**	O Um wie viel Kilogramm ist Frau Honig schwerer, als Elmar? X ~~Wie viel wiegt Jana?~~ X ~~Wie schwer sind alle Buben der 4b zusammen?~~ O Wie viel wiegen Razo und Lorenz zusammen?

Thema: Oma Milli **Wochenplan:** ______

Name: ____________________ **Klasse:** ______ **Datum:** ________

Montag

erledigt ☐
kontrolliert ☐

Oma Milli strickt einen besonders langen Schal. Am Montagmorgen ist der Schal 142 Zentimeter lang. Bis zum Abend arbeitet Oma Milli noch vier Stunden an dem Schal. Jede Stunde strickt sie 3 Dezimeter. Wie lange ist der Schal am Abend?

Dienstag

erledigt ☐
kontrolliert ☐

Am Abend lässt Oma Milli erschöpft ihren Schal im Wohnzimmer liegen. Da rutschen in der Nacht einige Maschen von der Stricknadel und der Schal wird kürzer. Als Oma Milli am Morgen nachmisst, stellt sie erschrocken fest, dass der Schal nur noch 1 Meter und 9 Zentimeter lang ist. Wie viele Zentimeter sind verschwunden?

Mittwoch

erledigt ☐
kontrolliert ☐

Oma Milli ärgert sich. Sie strickt am nächsten Tag in der ersten Stunde 5 Dezimeter, in der zweiten Stunde 35 Zentimeter. In den nächsten drei Stunden strickt sie jeweils 29 Zentimeter. Wie viel Zentimeter hat Oma Milli nach fünf Stunden geschafft?

Donnerstag

erledigt ☐
kontrolliert ☐

Abermals lässt Oma Milli den Schal im Wohnzimmer liegen und geht schlafen. Als sie am nächsten Morgen aufwacht, freut sie sich. Die Heinzelmännchen haben in der Nacht ihren Schal fertiggestrickt. Nun ist der Schal 5 Meter lang. Wie viele Zentimeter ist der Schal durch die Hilfe der Heinzelmännchen noch gewachsen?

Freitag

erledigt ☐
kontrolliert ☐

Setze ein, finde eine passende Frage und löse die Aufgabe.
Oma Milli möchte für Katze Minka auch einen Schal stricken.
Der Schal soll 100 Zentimeter lang werden. Am Montag strickt sie ____________ Zentimeter.

Wochenplan Sachrechnen / Klasse 4 – Bestell-Nr. 12 662

Thema: Oma Milli **Wochenplan:** ______

Name: ____________________ **Klasse:** ______ **Datum:** ________

Montag

Lösung

R: 30 cm • 4 = 120 cm
R: 142 cm + 120 cm = 262 cm
A: Am Abend ist der Schal 262 cm lang.

Dienstag

Lösung

R: 262 cm – 109 cm = 153 cm
A: Es sind 153 cm verschwunden.

Mittwoch

Lösung

R: 50 cm + 35 cm + 29 cm + 29 cm + 29 cm = 172 cm
A: Oma Milli hat nach fünf Stunden 172 cm geschafft.

Donnerstag

Lösung

R: 262 cm – 153 cm = 109 cm
R: 109 cm + 172 cm = 281 cm
R: 500 cm – 281 cm = 219 cm
A: Der Schal ist um 219 cm gewachsen.

Freitag

Lösung

Individuelle Lösungen möglich.

Thema: Plätzchen backen **Wochenplan:** ______

Name: ______________________ **Klasse:** ______ **Datum:** __________

Montag ☹ 😐 ☺ erledigt ☐ kontrolliert ☐	Robin und Julia wollen Plätzchen backen. Sie kaufen 1 kg Mehl, 500 g Butter, 15 g Vanillezucker, 300 g dunkle Schokolade, 700 g helle Schokolade und 500 g Zucker ein. Wie schwer ist ihr Einkauf?
Dienstag ☹ 😐 ☺ erledigt ☐ kontrolliert ☐	Im Rezept steht: „Für die Plätzchen werden 300 g Mehl, 200 g Butter, 100 g Zucker, ein Ei, 5 g Vanillezucker und etwas geriebene Zitronenschale benötigt." Wie viel Mehl, Butter, Zucker und Vanillezucker haben Robin und Julia noch für die Pfefferkuchenmännchen übrig?
Mittwoch ☹ 😐 ☺ erledigt ☐ kontrolliert ☐	Für die Pfefferkuchenmännchen nimmt Julia 200 g Mehl, 150 g Zucker, 40 g Butter, 200 g dunkle Schokolade und 200 g helle Schokolade. Wie viel der gekauften Zutaten bleiben den Kindern nun noch übrig?
Donnerstag ☹ 😐 ☺ erledigt ☐ kontrolliert ☐	Robin sticht große Sterne und Julia sticht kleine Sterne aus. Auf Julias Blech liegen doppelt so viele Sterne wie auf Robins Blech. Insgesamt liegen 48 Sterne auf den beiden Blechen. Wie viele Sterne liegen auf Julias Blech?
Freitag ☹ 😐 ☺ erledigt ☐ kontrolliert ☐	Setze ein und rechne aus. Von den 48 Sternplätzchen essen die beiden Kinder ______ Plätzchen gleich auf. Julias Mama backt am nächsten Tag deshalb noch weitere _______ Plätzchen. Wie viele Plätzchen gibt es nun?

Wochenplan Sachrechnen / Klasse 4 – Bestell-Nr. 12 662

Thema: Plätzchen backen **Wochenplan:** ______

Name: ______ **Klasse:** ______ **Datum:** ______

Montag

Lösung

R: 1000 g + 500 g + 15 g + 300 g + 700 g + 500 g = 3015 g
A: Der Einkauf ist 3 kg 15 g schwer.

Dienstag

Lösung

R: 1000 g – 300 g = 700 g
R: 500 g – 200 g = 300 g
R: 500 g – 100 g = 400 g
R: 15 g – 5 g = 10 g
A: Sie haben noch 700 g Mehl, 300 g Butter, 400 g Zucker und 10 g Vanillezucker übrig.

Mittwoch

Lösung

R: 700 g – 200 g = 500 g
R: 400 g – 150 g = 250 g
R: 300 g – 40 g = 260 g
R: 300 g – 200 g = 100 g
R: 700 g – 200 g = 500 g
A: Den Kindern bleiben noch 500 g Mehl, 250 g Zucker, 260 g Butter, 100 g dunkle Schokolade, 500 g helle Schokolade und 10 g Vanillezucker übrig.

Donnerstag

Lösung

R: 48 : 3 = 16
16 • 2 = 32
A: Auf Julias Blech liegen 32 Sterne.

Freitag

Lösung

Individuelle Lösungen möglich.

Thema: Pizza **Wochenplan:** ______

Name: ______________________ **Klasse:** ________ **Datum:** __________

Montag ☹ 😐 ☺ erledigt ☐ kontrolliert ☐	Der Lehrer Herr Konrad liebt Pizza. Beim Belag hat er ganz genaue Wünsche. Am liebsten mag er ein Achtel Thunfischpizza, drei Achtel Salamipizza und die restliche Pizza mit Tomatenscheiben belegt. Wie viele Viertel werden mit Tomatenscheiben belegt?
Dienstag ☹ 😐 ☺ erledigt ☐ kontrolliert ☐	An seinem Geburtstag lädt der Herr Lehrer die Kinder der 4b auf drei große Pizzen ein. Von der Pizza Salami bleibt am Ende nur ein Achtel übrig, von der Pizza Hawaii nur ein Viertel. Von der Pizza Provenciale bleiben nur noch zwei Achtel übrig. Wie viele Achtel und Viertel wurden jeweils gegessen?
Mittwoch ☹ 😐 ☺ erledigt ☐ kontrolliert ☐	Pizzabäcker Pietro überrascht Herrn Konrad und belegt eine ganze Pizza mit Salamischeiben. Auf drei Viertel der Pizza liegen insgesamt 24 Salamischeiben. Wie viele Salamischeiben befinden sich auf der ganzen Pizza?
Donnerstag ☹ 😐 ☺ erledigt ☐ kontrolliert ☐	Wenn Herr Konrad mit seiner Frau essen geht, bestellen sie zusammen eine Riesenpizza. Herr Konrad möchte auf zwei Zwölftel der Pizza Speck haben. Seine Frau Gina bestellt ein Zwölftel mit Käse und ein Zwölftel mit Gemüse. Den Rest der Pizza wollen die beiden gerecht teilen: auf der einen Hälfte soll Salami sein, auf der anderen Hälfte Paprikastreifen. Wie viele Zwölftel sind das jeweils?
Freitag ☹ 😐 ☺ erledigt ☐ kontrolliert ☐	Setze ein und löse die Aufgabe. Du bestellst ____ Achtel von der __________ Pizza. Wie viele Achtel bleiben übrig?

Wochenplan Sachrechnen / Klasse 4 – Bestell-Nr. 12 662

Thema: Pizza **Wochenplan:** ______

Name: ______ **Klasse:** ______ **Datum:** ______

Montag

Lösung

R: $\frac{1}{8} + \frac{3}{8} = \frac{4}{8}$

R: $\frac{8}{8} - \frac{4}{8} = \frac{4}{8}$

R: $\frac{4}{8} = \frac{2}{4}$

A: $\frac{2}{4}$ der Pizza werden mit Tomatenscheiben belegt.

Dienstag

Lösung

R: $\frac{8}{8} - \frac{1}{8} = \frac{7}{8}$

R: $\frac{4}{4} - \frac{1}{4} = \frac{3}{4}$

R: $\frac{8}{8} - \frac{2}{8} = \frac{6}{8}$

A: Es wurden $\frac{7}{8}$ der Salamipizza, $\frac{3}{4}$ der Pizza Hawaii und $\frac{6}{8}$ der Pizza Provenciale gegessen.

Mittwoch

Lösung

R: $24 : 3 = 8$
R: $8 \cdot 4 = 32$
A: Auf der ganzen Pizza befinden sich 32 Salamischeiben.

Donnerstag

Lösung

R: $\frac{2}{12} + \frac{1}{12} + \frac{1}{12} = \frac{4}{12}$

R: $\frac{12}{12} - \frac{4}{12} = \frac{8}{12}$

R: $8 : 2 = 4$

A: Das sind jeweils $\frac{4}{12}$.

Freitag

Lösung

Individuelle Lösungen möglich.

Thema: Wochenaufgabe Logical **Wochenplan:** ______

Name: ______________________ **Klasse:** ______ **Datum:** __________

Mo-Fr

Löse das Logical! Du kannst an jedem Tag ein paar Hinweise richtig in dem Raster eintragen. Am Ende der Woche sollst du das Rätsel gelöst haben.

In der Bücherei

Die Kinder der 4c machen einen Ausflug in die Bücherei. Finde heraus, wer welche Geschichten am liebsten liest, wie viele Bücher die Kinder jeweils in der Bücherei ausgeliehen haben, wo die Kinder am liebsten lesen und wie viele Bücher sie jeweils in einem Monat lesen.

1. Klara mag keine Comics und liest in einem Monat 3 Bücher.
2. Emilia liest am liebsten auf der Fensterbank.
3. Matteo hat weniger als 3 Bücher ausgeliehen.
4. Ein Kind hat 2 Bücher ausgeliehen, zwei Kinder haben 3 Bücher ausgeliehen und ein Kind hat 5 Bücher ausgeliehen.
5. Das Kind, das Detektivromane liebt, liest am liebsten im Bett.
6. Matteo, der in einem Monat 3 Bücher liest, liest am liebsten in der Kuschelecke.
7. Das Kind, das 2 Bücher ausgeliehen hat, liest am liebsten Comics.
8. Ein Junge liest am liebsten in seinem Baumhaus. Dieser Junge liest 1 Buch in einem Monat.
9. Ein Kind liest am liebsten Comics. Ein anderes Kind liest 4 Bücher im Monat.
10. Ein Junge liest am liebsten Sachbücher. Er hat sich 3 Bücher ausgeliehen.
11. Klara hat mehr als 3 Bücher ausgeliehen.
12. Das Mädchen, das Abenteuergeschichten am liebsten liest, hat 3 Bücher ausgeliehen.

erledigt ☐

kontrolliert ☐

Name	Emilia	Klara	Matteo	Paul
Was liest das Kind am liebsten?				
Wie viele Bücher wurden ausgeliehen?				
Wo liest das Kind am liebsten?				
Wie viele Bücher liest das Kind in einem Monat?				

KOHL VERLAG Wochenplan Sachrechnen / Klasse 4 – Bestell-Nr. 12 662

Thema: Wochenaufgabe Logical **Wochenplan:** ______

Name: ______________ **Klasse:** ______ **Datum:** ______

Mo-Fr

Lösung

In der Bücherei

Die Kinder der 4c machen einen Ausflug in die Bücherei. Finde heraus, wer welche Geschichten am liebsten liest, wie viele Bücher die Kinder jeweils in der Bücherei ausgeliehen haben, wo die Kinder am liebsten lesen und wie viele Bücher sie jeweils in einem Monat lesen.

Name	Lotte	Severin	Achmed	Silke
Was liest das Kind am liebsten?	Abenteuer-geschichten	Detektivromane	Comics	Sachbücher
Wie viele Bücher wurden ausgeliehen?	3	5	2	3
Wo liest das Kind am liebsten?	Auf der Fensterbank	Im Bett	In der Kuschelecke	Im Baumhaus
Wie viele Bücher liest das Kind in einem Monat?	4	3	3	1

Thema: Rummelplatz **Wochenplan:** ______

Name: ______________ **Klasse:** ______ **Datum:** ______

Montag

erledigt ☐
kontrolliert ☐

Thabo und Fiona gehen auf den Rummel. Fiona möchte drei Mal mit der Achterbahn fahren, Thabo nur zwei Mal. Eine Fahrt kostet 2,30 Euro. Wie viel bezahlen die Kinder für alle Tickets?

Dienstag

erledigt ☐
kontrolliert ☐

An einem Süßigkeitenstand kauft Thabo drei Säckchen Bonbons. In einem Säckchen sind 9 rote, 11 grüne, 6 schwarze und 12 gelbe Bonbons. Wie viele Bonbons hat Thabo nun insgesamt?

Mittwoch

erledigt ☐
kontrolliert ☐

Auf dem Rummel gibt es ein Glas Murmeln. Die Besucher sollen schätzen, wie viele Murmeln sich in dem Glas befinden. Thabo meint: „Ich denke, das sind 383 Murmeln." „Nein, das sind 416 Murmeln", rät Fiona. Zu Mittag gibt es die Auflösung: in dem Glas befinden sich 399 Murmeln. Wer lag mit seiner Schätzung näher am richtigen Ergebnis und warum?

Donnerstag

erledigt ☐
kontrolliert ☐

Thabos Mama überlegt, ob es günstiger wäre, wenn sie eine Jahreskarte für den Rummel kauft. Sie besucht etwa 6-mal im Jahr mit Thabo den Rummel. Dabei gibt sie bei einem Besuch im Durchschnitt 23 Euro aus. Eine Jahreskarte mit allen Attraktionen kostet 124 Euro. Was rätst du Thabos Mama?

Freitag

erledigt ☐
kontrolliert ☐

Denke dir eine passende Frage aus und löse die Aufgabe.
Du hast noch 16,10 Euro und möchtest gerne mit der Achterbahn fahren.

KOHL VERLAG Wochenplan Sachrechnen / Klasse 4 – Bestell-Nr. 12 662

Thema: Rummelplatz **Wochenplan:** ______

Name: ______ **Klasse:** ______ **Datum:** ______

Montag **Lösung**	R: 230 ct • 5 = 1150 ct A: Sie bezahlen 11,50 Euro.
Dienstag **Lösung**	R: 9 + 11 + 6 + 12 = 38 R: 38 • 3 = 114 A: Thabo hat insgesamt 114 Bonbons.
Mittwoch **Lösung**	R: 399 − 383 = 16 R: 416 − 399 = 17 A: Thabo lag mit seiner Schätzung näher am richtigen Ergebnis, da er sich nur um 16 Murmeln verschätzt hat.
Donnerstag **Lösung**	R: 23 € • 6 = 138 € A: Eine Jahreskarte wäre günstiger.
Freitag **Lösung**	Individuelle Lösungen möglich.

Thema: Baden oder duschen? **Wochenplan:** ______

Name: ____________________ **Klasse:** ______ **Datum:** ______

Montag

☹ 😐 ☺

erledigt ☐
kontrolliert ☐

In eine Badewanne passen etwa 150 Liter Wasser. Wenn du eine Minute lang duschst, verbrauchst du etwa 15 Liter Wasser. Wie lange kannst du duschen, um genau so viel Wasser zu verbrauchen, wie in eine Badewanne passen?

Dienstag

☹ 😐 ☺

erledigt ☐
kontrolliert ☐

Nils badet dreimal in der Woche. Sein großer Bruder Henrik duscht lieber jeden Morgen 5 Minuten lang. Wer von den beiden Kindern verbraucht in einer Woche weniger Wasser?

Mittwoch

☹ 😐 ☺

erledigt ☐
kontrolliert ☐

Nils will die Badewanne mit seiner Gießkanne befüllen. In die Gießkanne passen 8 Liter Wasser. Wie oft muss Nils seine Gießkanne füllen, wenn er insgesamt 144 Liter Wasser in die Badewanne gießt?

Donnerstag

☹ 😐 ☺

erledigt ☐
kontrolliert ☐

Bei Nils zuhause gibt es Mama, Papa, Henrik und Nils. Mama duscht jeden Morgen 15 Minuten, Papa braucht jeden Morgen 10 Minuten. Wie viel Liter Wasser für das Duschen oder Baden brauchen Papa, Mama, Nils und Henrik in einer Woche?

Freitag

☹ 😐 ☺

erledigt ☐
kontrolliert ☐

Schreibe auf, wie oft und wie lange du in der Woche duschst und badest. Dann rechne aus, wie viel Liter Wasser du in einer Woche verbrauchst.

Thema: Baden oder duschen? **Wochenplan:** ______

Name: ______ **Klasse:** ______ **Datum:** ______

Montag

Lösung

R: 150 : 15 = 10
A: Ich kann 10 Minuten lang duschen.

Dienstag

Lösung

R: 150 l • 3 = 450 l
R: 7 • 5 = 35
R: 35 • 15 l = 525 l
A: Nils verbraucht weniger Wasser in einer Woche.

Mittwoch

Lösung

R: 144 : 8 = 18
A: Nils muss seine Gießkanne 18-mal füllen.

Donnerstag

Lösung

R: 15 • 7 = 105 min
R: 105 • 15 l = 1575 l
R: 10 min • 7 = 70 min
R: 70 • 15 l = 1050 l
R: 450 l + 525 l + 1575 l + 1050 l = 3600 l
A: Die Familie braucht für das Duschen oder Baden 3600 Liter Wasser in einer Woche.

Freitag

Lösung

Individuelle Lösungen möglich.

Thema: Staffellauf **Wochenplan:** ______

Name: ____________________ **Klasse:** ______ **Datum:** ______

Montag

erledigt ☐
kontrolliert ☐

Khaylo, Raffael, Nita und Simon möchten an einem Staffellauf teilnehmen. Um sich auf den Lauf vorzubereiten, üben sie auf dem Schulsportplatz. Khaylo läuft 5 Runden in 240 Sekunden. Raffael und Nita laufen 10 Runden in 560 Sekunden. Simon braucht für eine Runde 54 Sekunden. Wer ist am schnellsten?

Dienstag

erledigt ☐
kontrolliert ☐

Wie viele Minuten und Sekunden sind die Kinder insgesamt gelaufen?

Mittwoch

erledigt ☐
kontrolliert ☐

Beim Staffellauf läuft Khaylo 8050 Meter, Raffael läuft 7,5 Kilometer, Nita läuft 5650 Meter und Simon 9 Kilometer und 70 Meter. Wie viele Kilometer und Meter sind die Kinder insgesamt gelaufen?

Donnerstag

erledigt ☐
kontrolliert ☐

Bei dem Staffellauf wird für ein neues Tierheim Geld gesammelt. Für jeden gelaufenen Kilometer bekommen die Kinder 5 Euro als Spende für das Tierheim. Jeder angefangene Kilometer wird auf den nächsten Kilometer aufgerundet. Wie viel Geld können die vier Freunde für das Tierheim sammeln?

Freitag

erledigt ☐
kontrolliert ☐

Finde eine passende Frage und löse die Aufgabe.
Dein bester Freund oder deine beste Freundin und du laufen ebenfalls für das neue Tierheim. Dein bester Freund oder deine beste Freundin läuft 8 Kilometer und 900 Meter, du läufst 10 Kilometer und 100 Meter. Für jeden gelaufenen Kilometer bekommt ihr 5 Euro.

Wochenplan Sachrechnen / Klasse 4 – Bestell-Nr. 12 662

Thema: Staffellauf **Wochenplan:** ______

Name: ______________________ **Klasse:** ______ **Datum:** ____________

Montag Lösung	R: 240 s : 5 = 48 s R: 560 s : 10 = 56 s A: Khaylo ist am schnellsten.
Dienstag Lösung	R: 240 s + 560 s + 54 s = 854 s R: 854 : 60 = 14 A: Die Kinder sind insgesamt 14 Minuten gelaufen.
Mittwoch Lösung	R: 8050 m + 7500 m + 5650 m + 9070 m = 30270 m A: Die Kinder sind insgesamt 30 km 270 m gelaufen.
Donnerstag Lösung	R: 31 • 5 € = 155 € A: Die vier Freunde können 155 Euro für das Tierheim sammeln.
Freitag Lösung	Individuelle Lösungen möglich.

Thema: Der Roboter **Wochenplan:** ______

Name: ____________ **Klasse:** ______ **Datum:** ______

Montag ☹ 😐 ☺ erledigt ☐ kontrolliert ☐	Boris hat einen Roboter gebaut, den er X5000 nennt. Der Roboter spricht 1081 Sprachen. Das sind um 1008 Sprachen mehr, als der talentierte Muhamed Mesic sprechen kann. Boris Cousine Cloe spricht um 68 Sprachen weniger als Muhamed. Wie viele Sprachen spricht Cloe?
Dienstag ☹ 😐 ☺ erledigt ☐ kontrolliert ☐	Leider hat der X5000 einen Fehler. Nach jedem siebten Schritt vorwärts geht er zwei Schritte zurück. Wie viele Schritte ist der X5000 zurück gegangen, wenn er 63 Schritte nach vor gegangen ist?
Mittwoch ☹ 😐 ☺ erledigt ☐ kontrolliert ☐	Boris' schlaue Katze Grisu programmiert den Roboter eines Nachts um. Nun kann der Roboter in einer Minute 4 Dosen Katzenfutter öffnen. In Grisus Fressnapf passen zwei Dosen Katzenfutter. Wie oft kann der X5000 Grisus Fressnapf in einer Stunde füllen?
Donnerstag ☹ 😐 ☺ erledigt ☐ kontrolliert ☐	Boris möchte, dass der Roboter die Hausaufgaben für ihn schreibt. Der Roboter schielt auf das Mathebuch und streikt. Boris verspricht seinem X5000 dafür 46 neue Schrauben. Der Roboter will um die Hälfte mehr Schrauben haben. Wie viele Schrauben möchte der X5000 für das Erledigen der Hausaufgaben bekommen?
Freitag ☹ 😐 ☺ erledigt ☐ kontrolliert ☐	Was kann der Roboter noch? Denke dir eine Sachaufgabe aus und löse sie!

Thema: Der Roboter **Wochenplan:** ______

Name: ______________ **Klasse:** ______ **Datum:** ______

Montag Lösung	R: 1081 – 1008 = 73 R: 73 – 68 = 5 A: Cloe spricht 5 Sprachen.
Dienstag Lösung	R: 63 : 7 = 9 R: 9 • 2 = 18 A: Der X5000 ist 18 Schritte zurück gegangen.
Mittwoch Lösung	R: 60 • 4 = 240 R: 240 : 2 = 120 A: Der X5000 kann Grisus Fressnapf 120-mal füllen.
Donnerstag Lösung	R: 46 : 2 = 23 R: 46 + 23 = 69 A: Der X5000 möchte 69 Schrauben bekommen.
Freitag Lösung	Individuelle Lösungen möglich.

Thema: Der Weihnachtsmann **Wochenplan:** ______

Name: ______ **Klasse:** ______ **Datum:** ______

Montag

erledigt ☐
kontrolliert ☐

Der Weihnachtsmann muss in diesem Jahr besonders viele Geschenke austragen. Er läuft 999-mal von seiner Geschenkewerkstatt zum Schlitten, um alle Geschenke verladen zu können. Jedes Mal trägt er 18 kleine und 23 große Geschenke. Ein kleines Geschenk wiegt 190 Gramm, ein großes Geschenk wiegt 250 Gramm. Runde die beiden Gewichte auf ganze Hunderter und mache den Überschlag. Wie viel Kilogramm muss der Weihnachtsmann bei jedem Mal Gehen im Durchschnitt etwa tragen?

Dienstag

erledigt ☐
kontrolliert ☐

Der Weihnachtsmann freut sich über die Zeichnungen und Briefe, die die Kinder an ihn schicken. Er sammelt sie in einer großen Kiste. Im Jahr 2020 hat er 478 Briefe bekommen, im Jahr 2021 waren es 399 Briefe und im Jahr 2022 hat er sogar 849 Briefe erhalten. Runde auf ganze Zehner und mache den Überschlag. Wie viele Briefe liegen in etwa in der Kiste?

Mittwoch

erledigt ☐
kontrolliert ☐

Auweia! Der Schlitten des Weihnachtsmannes ist kaputt! Doch der Weihnachtsmann hat eine rettende Idee. Er kauft 303 grüne, 46 gelbe, 155 rote und 399 blaue Luftballons und schwebt mit ihnen im Himmel. Runde auf ganze Zehner und mache den Überschlag. Wie viele Luftballons sind das ungefähr?

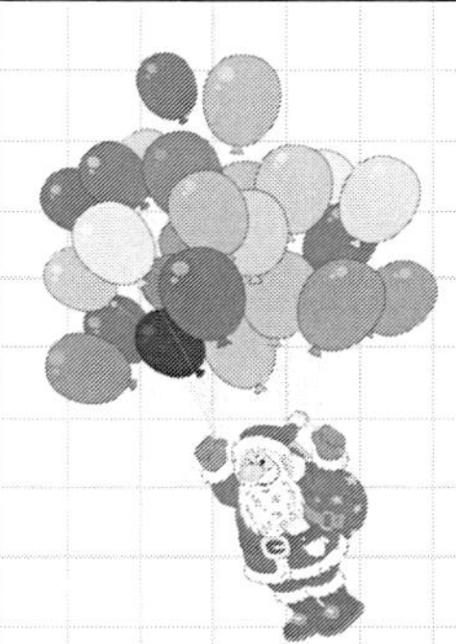

Donnerstag

erledigt ☐
kontrolliert ☐

Auf einem Weihnachtsmarkt sieht der Weihnachtsmann viele süße Leckereien. Er hat großen Hunger, aber nur 10 Euro eingesteckt. Welche Naschereien könnte er sich darum kaufen? Mache zuerst den Überschlag und rechne dann genau.

- WAFFEL MIT ZUCKER 3,25 €
- BRATAPFEL 3,46 €
- HONIGKUCHEN 2,75 €
- LAKRITZSTANGE 0,99 €
- QUARKTASCHE 1,89 €
- OBSTSPIEß 4,05 €
- ZIMTSCHNECKE 2,30 €

Freitag

erledigt ☐
kontrolliert ☐

Welche dieser Fragen kannst du mit dem, was du bis jetzt erfahren hast, nicht beantworten? Kreuze an:

O Wie viel wiegen 5 große und 5 kleine Geschenke zusammen?
O Wie viel kosten eine Waffel mit Zucker und ein Päckchen heiße Maroni?
O Um wie viele Briefe hat der Weihnachtsmann im Jahr 2022 mehr bekommen, als im Jahr 2021?
O Wie viele lila Luftballons hat der Weihnachtsmann?

Wochenplan Sachrechnen / Klasse 4 – Bestell-Nr. 12 662

Thema: Der Weihnachtsmann **Wochenplan:** ______

Name: ______ **Klasse:** ______ **Datum:** ______

Montag

Lösung

R: 18 • 200 g = 3600 g
R: 23 • 300 g = 6900 g
R: 3600 g + 6900 g = 10500 g
R: Der Weihnachtsmann muss etwa 10,5 Kilogramm tragen.

Dienstag

Lösung

R: 480 + 400 + 850 = 1730
A: Es liegen etwa 1730 Briefe in der Kiste.

Mittwoch

Lösung

R: 300 + 50 + 160 + 400 = 910
A: Das sind ungefähr 910 Luftballons.

Donnerstag

Lösung

R: Individuelle Lösungen möglich.

Freitag

Lösung

O Wie viel wiegen 5 große und 5 kleine Geschenke zusammen?
X ~~Wie viel kosten eine Waffel mit Zucker und ein Päckchen heiße Maroni?~~
O Um wie viele Briefe hat der Weihnachtsmann im Jahr 2022 mehr bekommen, als im Jahr 2021?
X ~~Wie viele lila Luftballons hat der Weihnachtsmann?~~

Thema: Torten **Wochenplan:** ______

Name: ____________ **Klasse:** ______ **Datum:** ______

Montag

erledigt ☐
kontrolliert ☐

Für die Geburtstagsfeier seiner großen Schwester soll Simon in der Bäckerei Tortenstücke kaufen. Er kauft eine Erdbeer-Sahnetorte, zwei Schokotörtchen, eine Vanillecremeschnitte und zwei Zuckerstangen. Wie viel bezahlt Simon?

Schokotörtchen... 2,05 €, Haselnusscreme-Torte... 2,76 €, Erdbeer-Sahnetorte... 1,98 €, Kokos-Mango-Törtchen... 2,08 €, Zitronentarte... 1,45 €, Vanillecremeschnitte... 1,90 €, Windbeutel... 1,28 €, Zuckerstange... 0,45 €

Dienstag

erledigt ☐
kontrolliert ☐

Simon bezahlt mit zwei 5-Euro-Scheinen.
Wie viel Geld bekommt er zurück?

Mittwoch

erledigt ☐
kontrolliert ☐

Simon wünscht sich für seine eigene Geburtstagsfeier eine Schokotorte. Simons Mama will 12 Stück Torte kaufen. Da sieht sie in der Vitrine eine Schokotorte im Ganzen für 19,50 €. Simons Mama überlegt. Ist es günstiger, wenn sie die ganze Torte kauft statt der 12 Stück einzeln?

Donnerstag

erledigt ☐
kontrolliert ☐

Am nächsten Morgen verkauft die Bäckerei die übrig geblieben Tortenstücke vom Vortag für die Hälfte. Rechne aus, wie viel die Haselnusscreme- Torte, die Erdbeer-Sahnetorte und das Kokos-Mango-Törtchen nun kosten!

Freitag

erledigt ☐
kontrolliert ☐

Du darfst um 10 € in der Bäckerei einkaufen. Was kaufst du dir und wie viel Geld bleibt dir übrig?

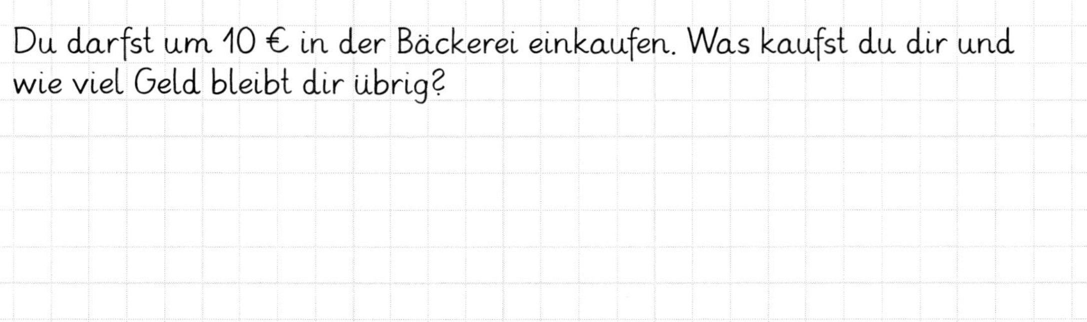

KOHL VERLAG Wochenplan Sachrechnen / Klasse 4 – Bestell-Nr. 12 662

Thema: Torten **Wochenplan:** ______

Name: ______________ **Klasse:** ______ **Datum:** ______

Montag

Lösung

A: 198 ct + 205 ct + 205 ct + 190 ct + 45 ct + 45 ct = 888 ct
A: Simon bezahlt 8,88 Euro.

Dienstag

Lösung

R: 2 • 500 ct = 1000 ct
R: 1000 ct – 888 ct = 112 ct
A: Er bekommt 1,12 Euro zurück.

Mittwoch

Lösung

R: 12 • 205 ct = 2460 ct = 24,60 €
A: Die ganze Torte kostet weniger als 12 Stück einzeln.

Donnerstag

Lösung

R: 276 : 2 = 138 ct
R: 198c : 2 = 99 ct
R: 208c : 2 = 104 ct
A: Die Haselnusscreme-Torte kostet 1,38 €, die Erdbeer-Sahnetorte kostet 0,99 € und das Kokos-Mango-Törtchen kostet 1,04 €.

Freitag

Lösung

Individuelle Lösungen möglich.

Thema: Pinocchio **Wochenplan:** ______

Name: ______________________ **Klasse:** ______ **Datum:** __________

Montag

☹ 😐 ☺

erledigt ☐
kontrolliert ☐

Das ist die kleine Holzpuppe Pinocchio. Pinocchios Nase wächst jedes Mal, wenn er lügt, um 123 Millimeter. Am Montag erzählt er: „Gestern bin ich über den Atlantischen Ozean von Amerika nach Frankreich geschwommen. Das sind 7401 Kilometer. Anschließend bin ich von Paris in Frankreich nach Wien in Österreich mit dem Fahrrad gefahren. Das waren 1033 Kilometer. Die letzten 523 Kilometer von Wien nach Berlin bin ich dann einfach zu Fuß marschiert. Wie viele Kilometer habe ich am Montag insgesamt zurückgelegt?"

Dienstag

☹ 😐 ☺

erledigt ☐
kontrolliert ☐

Am Dienstag behauptet Pinocchio: „Heute habe ich am Wettbewerb im Kirschkernspucken teilgenommen. Mein Kirschkern war aber so groß, wie ein Apfel. Den habe ich beim ersten Versuch 5555 Zentimeter weit gespuckt. Beim zweiten Versuch habe ich es sogar 70 Dezimeter weiter geschafft. Beim dritten Versuch flog der Kirschkern um 3 Meter und 9 Dezimeter weiter, als beim ersten und zweiten Versuch zusammen. Wie weit flog der Kirschkern beim dritten Versuch?"

Mittwoch

☹ 😐 ☺

erledigt ☐
kontrolliert ☐

Am Mittwoch gibt Pinocchio an: „Mein bester Freund ist Drache Didi, der sieben Köpfe hat. Wenn Didi Hunger bekommt, frisst er mit jedem der Köpfe 1257 Schnecken. Wie viele Schnecken frisst Didi mit all seinen sieben Köpfen?"

Donnerstag

☹ 😐 ☺

erledigt ☐
kontrolliert ☐

Pinocchio hat in dieser Woche schon acht Mal gelogen. Wie viele Millimeter ist seine Nase bis heute gewachsen?

Freitag

☹ 😐 ☺

erledigt ☐
kontrolliert ☐

Erfinde selbst eine Lügengeschichte mit einer Rechenaufgabe, schreibe sie auf und löse die Aufgabe.

Wochenplan Sachrechnen / Klasse 4 – Bestell-Nr. 12 662

Thema: Pinocchio **Wochenplan:** ______

Name: ______________________ **Klasse:** ______ **Datum:** __________

Montag **Lösung**	R: 7401 km + 1033 km + 523 km = 8957 km A: Er hat am Montag 8957 Kilometer zurückgelegt.
Dienstag **Lösung**	R: 5555 cm + 700 cm = 6225 cm R: 5555 cm + 6255 cm + 3090 cm = 14900 cm A: Beim dritten Versuch flog der Kirschkern 149 Meter weit.
Mittwoch **Lösung**	R: 1257 • 7 = 8799 A: Mit all seinen sieben Köpfen frisst Didi 8799 Schnecken.
Donnerstag **Lösung**	R: 8 • 123 mm = 984 mm A: In dieser Woche ist Pinocchios Nase bereits um 984 Millimeter gewachsen.
Freitag **Lösung**	Individuelle Lösungen möglich.

Thema: An welche Zahlen denken die Kinder? **Wochenplan:** ______

Name: ____________________ **Klasse:** ______ **Datum:** __________

Mo-Fr	An welche Zahlen denken die Kinder? Schreibe sie in die Tafeln hinein.

An welche Zahlen denken die Kinder? Schreibe sie in die Tafeln hinein.

1. „Meine Zahl ist die Ziffernsumme aus dem Ergebnis von 75 dividiert durch 5."

   Die Zahl heißt: _____________

2. „Wenn du meine Zahl mit 9 multiplizierst und zu dem Ergebnis 3 Zehner addierst, erhältst du 102."

   Die Zahl heißt: _____________

3. „Meine Zahl ist liegt zwischen 6000 und 6009. Die Ziffernsumme meiner Zahl ist durch 4 und durch 8 ohne Rest teilbar."

   Die Zahl heißt: _____________

4. „Wenn du meine Zahl mit 6 multiplizierst und zu dem Ergebnis 64 dazu zählst, erhältst du 100."

   Die Zahl heißt: _____________

5. Denke dir heute selbst ein Zahlenrätsel aus!

erledigt ☐

kontrolliert ☐

Thema: An welche Zahlen denken die Kinder?

Wochenplan: ______

Name: ______ **Klasse:** ______ **Datum:** ______

Mo-Fr

Lösung

❶ R: 75 : 5 = 15
R: 1 + 5 = 6
Die Zahl heißt 6.

❷ R: 102 – 30 = 72
R: 72 : 9 = 8
Die Zahl heißt 8.

❸ R: 6000 = 6 + 0 + 0 + 0 = 6
6001 = 6 + 0 + 0 + 1 = 7
6002 = 6 + 0 + 0 + 2 = 8
Die Zahl heißt 6002.

❹ R: 100 – 64 = 36
R: 36 : 6 = 6
Die Zahl heißt 6.

❺ Individuelle Lösungen möglich.

Thema: Wie groß bist du? **Wochenplan:** ______

Name: ____________________ **Klasse:** ______ **Datum:** ______

Montag

Ali wird immer größer. Alis Papa hat auf dem Türstock markiert, wie viel Ali bereits gewachsen ist. Als Ali am 24. Februar 2013 auf die Welt kam, war er 52 cm groß. Vier Monate später war er bereits um 11 cm gewachsen. In dem nächsten halben Jahr wuchs der kleine Ali nochmals um 16 cm. Wie groß war Ali am 24. Dezember 2013?

erledigt ☐
kontrolliert ☐

Dienstag

Im nächsten Jahr wuchs Ali durchschnittlich um 11 mm pro Monat. Wie groß war Ali an Weihnachten 2014?

erledigt ☐
kontrolliert ☐

Mittwoch

An seinem dritten Geburtstag war Ali bereits doppelt so groß wie zu seiner Geburt. Wie groß ist das?

erledigt ☐
kontrolliert ☐

Donnerstag

Seit damals ist viel Zeit vergangen. Bis zu seinem neunten Geburtstag wächst Ali im Durchschnitt 5 mm pro Monat. Wie groß ist Ali an seinem neunten Geburtstag?

erledigt ☐
kontrolliert ☐

Freitag

Finde eine passende Frage und löse die Aufgabe.
Alis Papa ist um 42 cm größer als sein Sohn. Alis Mama ist um 13 cm kleiner als Alis Papa.

erledigt ☐
kontrolliert ☐

Thema: Wie groß bist du? **Wochenplan:** ______

Name: ______________________ **Klasse:** ______ **Datum:** __________

Montag

Lösung

R: 52 cm + 11 cm + 16 cm = 79 cm
A: Am 24. Dezember 2013 war Ali 79 cm groß.

Dienstag

Lösung

R: 11 mm • 12 = 132 mm
R: 790 mm + 132 mm = 922 mm
A: An Weihnachten 2014 war Ali 92,2 cm groß.

Mittwoch

Lösung

R: 52 cm • 2 = 104 cm
A: An seinem dritten Geburtstag war Ali 104 cm groß.

Donnerstag

Lösung

R: 6 • 12 = 72
R: 72 • 5 mm = 360 mm
R: 36 cm + 104 cm = 140 cm
A: An seinem 9. Geburtstag ist Ali 140 cm groß.

Freitag

Lösung

Individuelle Lösungen möglich.

Thema: Anschaffungen **Wochenplan:** ______

Name: ______________ **Klasse:** ______ **Datum:** ______

Montag

☹ 😐 ☺

erledigt ☐
kontrolliert ☐

An der Grundschule „Einmaleins" gibt es in diesem Schuljahr einige Neuerungen. Für den Computerraum wurden 14 neue Tablets gekauft. Ein Tablet kostet 119 Euro. Wie viel haben alle 14 Tablets zusammen gekostet?

Dienstag

☹ 😐 ☺

erledigt ☐
kontrolliert ☐

Für den Leseraum wurde ein gemütliches Sofa für 284,30 Euro, sieben Kissen für je 8 Euro, zwei Sitzsäcke für je 39,95 Euro und drei kleine Tische für je 65 Euro angeschafft. Wie viel hat die neue Ausstattung des Leseraums insgesamt gekostet?

Mittwoch

☹ 😐 ☺

erledigt ☐
kontrolliert ☐

In jeder der 16 Klassen steht nun eine Eismaschine. Eine Eismaschine kostet 47,99 Euro. Weil die Schule aber gleich 16 Stück davon bestellt hat, müssen nur 15 Stück bezahlt werden. Eine Eismaschine wird der Schule geschenkt. Wie viel Geld hat die Schule für die Eismaschinen ausgegeben?

Donnerstag

☹ 😐 ☺

erledigt ☐
kontrolliert ☐

Der Elternverein spendet der Grundschule 750 Euro. Davon kann ein Teil der Ausgaben gedeckt werden. Wie viel Geld hat die Grundschule für alle Neuerungen ausgegeben?

Freitag

☹ 😐 ☺

erledigt ☐
kontrolliert ☐

Setze ein und löse die Aufgabe.
Du darfst auch einige Dinge an deiner Schule verändern. Entscheide dich, was du kaufst und rechne aus, wie viel die Schule dafür bezahlen muss:

POPCORN-AUTOMAT 99 €

PALME FÜR DEN SCHULHOF 205,50 €

SKATEBOARD-RAMPE 375 €

HÜPFBURG 199,90 €

KINOLEINWAND 904 €

KARAOKE-ANLAGE 224,70 €

Wochenplan Sachrechnen / Klasse 4 – Bestell-Nr. 12 662
KOHL VERLAG

Thema: Anschaffungen **Wochenplan:** ______

Name: ______ **Klasse:** ______ **Datum:** ______

Montag **Lösung**	R: 119 € • 14 = 1666 € A: Alle 14 Tablets haben zusammen 1666 Euro gekostet.
Dienstag **Lösung**	R: 7 • 8 € = 56 € R: 2 • 3995 ct = 7990 ct R: 3 • 65 € = 195 € R: 28430 ct + 56 € + 7990 ct + 195 € = 61520 ct = 615,20 € A. Die neue Ausstattung hat 615,20 Euro gekostet.
Mittwoch **Lösung**	R: 15 • 4799 ct = 71985 ct = 719,85 € A: Die Schule hat 719,85 Euro für die Eismaschinen ausgegeben.
Donnerstag **Lösung**	R: 1666 € + 615,20 € + 719,85 € = 3001,05 € R: 3001,05 € − 750 € = 2251,05 € A: Die Grundschule hat 2251,05 Euro ausgegeben.
Freitag **Lösung**	Individuelle Lösungen möglich.

Thema: Papierfliegerwettbewerb **Wochenplan:** ______

Name: ____________________ **Klasse:** ______ **Datum:** ____________

Montag erledigt ☐ kontrolliert ☐	Die Kinder der Klasse 4a machen einen Papierfliegerwettbewerb. Leons Papierflieger fliegt 670 cm weit. Er bastelt einen zweiten Flieger, der sogar 693 cm weit fliegt. Wie viel Zentimeter ist das weiter?
Dienstag erledigt ☐ kontrolliert ☐	Ritas Papierflieger macht einen Looping und landet 34 dm früher als Leons erster Flieger. Wie weit fliegt Ritas Flieger?
Mittwoch erledigt ☐ kontrolliert ☐	Tobias und Lea haben zusammen einen Papierflieger gebastelt. Ihr Papierflieger fliegt 1 m 78 cm weiter, als Leons zweiter Papierflieger. Wie viel Zentimeter ist das weiter als Ritas Flieger?
Donnerstag erledigt ☐ kontrolliert ☐	Leon hilft Rita dabei einen neuen Papierflieger zu basteln. Ritas neuer Flieger fliegt doppelt so weit wie Leons erster Flieger. Wie viel Zentimeter liegt Rita mit ihrem Papierflieger nun in Führung?
Freitag  erledigt ☐ kontrolliert ☐	Welche dieser Fragen kannst du mit dem, was du bis jetzt erfahren hast, nicht beantworten? Kreuze an! O Welcher Papierflieger liegt nun auf Platz 3? O Wie viele Zentimeter fliegt Ritas zweiter Flieger weiter als ihr erster? O Wie viele Zentimeter weit sind alle Papierflieger zusammen geflogen? O Welche Farbe hat Ritas zweiter Papierflieger?

Wochenplan Sachrechnen / Klasse 4 – Bestell-Nr. 12 662

Thema: Papierfliegerwettbewerb **Wochenplan:** ______

Name: ______________________ **Klasse:** ______ **Datum:** ______

Montag

Lösung

R: 693 cm – 670 cm = 23 cm
A: Das ist 23 cm weiter.

Dienstag

Lösung

R: 67 dm – 34 dm = 33 dm
A: Ritas Papierflieger fliegt 33 dm weit.

Mittwoch

Lösung

R: 693 cm + 178 cm = 871 cm
R: 871 cm – 330 cm = 541 cm
A: Das sind um 541 cm weiter als Ritas Flieger.

Donnerstag

Lösung

R: 670 cm • 2 = 1340 cm
R: 1340 cm – 871 cm = 469 cm
A: Rita liegt nun mit ihrem Papierflieger 469 cm in Führung.

Freitag

Lösung

Welche dieser Fragen kannst du mit dem, was du bis jetzt erfahren hast, nicht beantworten? Kreuze an!

O Welcher Papierflieger liegt nun auf Platz 3?
O Wie viele Zentimeter fliegt Ritas zweiter Flieger weiter als ihr erster?
O Wie viele Zentimeter weit sind alle Papierflieger zusammen geflogen?
X ~~Welche Farbe hat Ritas zweiter Papierflieger?~~

Thema: Skifahren **Wochenplan:** ______

Name: ____________________ **Klasse:** ______ **Datum:** __________

Montag

erledigt ☐
kontrolliert ☐

Markus geht Skifahren. Im Skigebiet Glitzerstaub sind 213 km Abfahrten von 256 km geöffnet. Davon sind 96 km künstlich beschneit. Wie viele Pistenkilometer sind natürlich mit Schnee bedeckt?

Dienstag

erledigt ☐
kontrolliert ☐

Die Schneehöhe im Tal beträgt 104 cm. Im Skigebiet gibt es um 124 cm mehr Schnee. Wie viel Zentimeter beträgt die Schneehöhe im Skigebiet?

Mittwoch

erledigt ☐
kontrolliert ☐

Markus fährt von der Bergstation aus 17 km lang auf einer schwarzen Piste bis zur Skihütte Sonnenschein. Dann wählt er die rote, 23 km lange Abfahrt bis zur Mittelstation. Von der Mittelstation aus führen zwei blaue Pisten bis zum Pausenplatz, eine ist 18 km lang, die zweite ist sogar 4 km länger. Markus entscheidet sich für die längere der beiden Pisten. Wie viele Kilometer legt Markus auf seinem Weg von der Bergstation bis zum Pausenplatz zurück?

Donnerstag

erledigt ☐
kontrolliert ☐

Markus kehrt in einer urigen Skihütte ein. Dort wird das Brot in Zentimeter gemessen. Markus hat großen Hunger und bestellt 15 cm Speckbrot, 10 cm Schinkenbrot, 17 cm Eiaufstrichbrot und 22 cm Kümmelbratenbrot. 14 cm Brot lässt Markus dann doch übrig. Wie viel Dezimeter Brot hat Markus gegessen?

Freitag

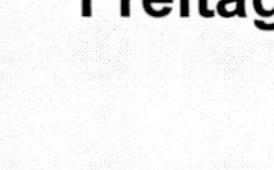

erledigt ☐
kontrolliert ☐

Setze ein, finde eine passende Frage und löse die Aufgabe.
Mara und Lisa bestellen sich ebenfalls Brot. Mara bestellt _____ Zentimeter Käsebrot und _____ Zentimeter Schinkenbrot. Lisa bestellt _____ Zentimeter Gemüseaufstrichbrot und _____ Zentimeter Tomatenbrot.

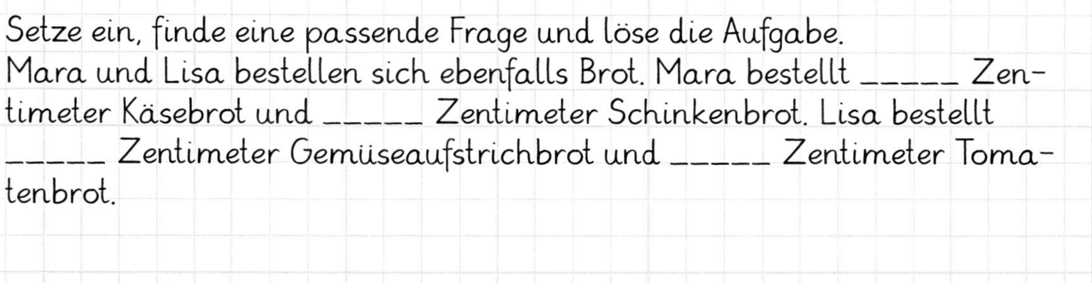

Thema: Skifahren **Wochenplan:** ______

Name: ______________ **Klasse:** ______ **Datum:** ______

Montag

Lösung

R: 213 km – 96 km = 117 km
A: 117 Pistenkilometer sind natürlich mit Schnee bedeckt.

Dienstag

Lösung

R: 104 cm + 124 cm = 228 cm
A: Die Schneehöhe im Skigebiet beträgt 228 cm.

Mittwoch

Lösung

R: 18 km + 4 km = 22 km
R: 17 km + 23 km + 22 km = 62 km
A: Markus legt auf seinem Weg bis zum Pausenplatz 62 km zurück.

Donnerstag

Lösung

R: 15 cm + 10 cm + 17 cm + 22 cm = 64 cm
R: 64 cm – 14 cm = 50 cm = 5 dm
A: Markus hat 5 dm Brot gegessen.

Freitag

Lösung

Individuelle Lösungen möglich.

Thema: Die Königin **Wochenplan:** ______

Name: ______ **Klasse:** ______ **Datum:** ______

Montag

erledigt ☐
kontrolliert ☐

Die Königin ist stolz auf ihre Schatzkammer. Am liebsten schwimmt sie in ihrem Geld. In ihren drei Schatzkammern befinden sich jeweils 12689 Goldmünzen. Wie viele Goldmünzen befinden sich in allen drei Schatzkammern zusammen?

Dienstag

erledigt ☐
kontrolliert ☐

In ihrer Schmuckkammer hat die Königin 7656 Ketten. Außerdem gibt es doppelt so viele Ringe wie Ketten, und halb so viele Diademe. In der Schmuckkammer gibt es dreimal so viele Armkettchen wie Diademe. Wie viel Schmuck befindet sich insgesamt in der Schmuckkammer?

Mittwoch

erledigt ☐
kontrolliert ☐

In der glänzenden Katzentoilette befinden sich 34858 Diamanten. In einer Woche leert der königliche Diener die Hälfte der Diamanten aus und fügt anschließend 49999 Diamanten wieder nach. Wie viele Diamanten befinden sich dann in der glänzenden Katzentoilette?

Donnerstag

erledigt ☐
kontrolliert ☐

Die Königin liebt die Natur und spendet jeden Tag 260 Silbertaler an eine Umweltschutzorganisation. Wie viele Silbertaler sind das in einem Jahr?

Freitag

erledigt ☐
kontrolliert ☐

Welche dieser Fragen kannst du mit dem, was du bis jetzt erfahren hast, nicht beantworten?

Kreuze an:

O Wie viele Nachttöpfe gibt es in allen 29 Palastzimmern?
O Wie viele Ohrringe besitzt die Königin?
O Wie viele Silbertaler spendet die Königin in einem Monat?
O Wie viele Diamanten befinden sich nach zwei Wochen in der glänzenden Katzentoilette?

Thema: Die Königin **Wochenplan:** ______

Name: ______ **Klasse:** ______ **Datum:** ______

Montag

Lösung

R: 12689 • 3 = 38067
A: In allen drei Schatzkammern befinden sich 38067 Goldmünzen.

Dienstag

Lösung

R: 7656 • 2 = 15312
R: 7656 : 2 = 3828
R: 3828 • 3 = 11484
R: 7656 + 15312 + 3828 + 11484 = 38280
A: Es befinden sich 38280 Schmuckstücke in der Schmuckkammer der Königin.

Mittwoch

Lösung

R: 34858 : 2 = 17429
R: 17429 + 49999 = 67428
A: Es befinden sich dann 67428 Diamanten in der glänzenden Katzentoilette.

Donnerstag

Lösung

R: 365 • 260 = 94900
A: Das sind 94900 Silbertaler in einem Jahr.

Freitag

Lösung

Welche dieser Fragen kannst du mit dem, was du bis jetzt erfahren hast, nicht beantworten? Kreuze an:

X ~~Wie viele Nachttöpfe gibt es in allen 29 Palastzimmern?~~
X ~~Wie viele Ohrringe besitzt die Königin?~~
O Wie viele Silbertaler spendet die Königin in einem Monat?
O Wie viele Diamanten befinden sich nach zwei Wochen in der glänzenden Katzentoilette?

Thema: Das Baby **Wochenplan:** ______

Name: ______________ **Klasse:** ______ **Datum:** ______

Montag

Mathilda bekommt ein Geschwisterchen. Ihre Mama ist in der 24. Schwangerschaftswoche. Eine Schwangerschaft dauert im Durchschnitt 40 Wochen. Wie viele Monate muss Mathilda noch auf ihr Geschwisterchen warten?

erledigt ☐
kontrolliert ☐

Dienstag

Mathildas Mama und Papa kaufen Babysachen ein. Sie besorgen eine Wickelauflage für 17,39 Euro und drei Strampler für je 11,99 Euro. Mathildas Papa bezahlt mit einem 100-Euro-Schein. Wie viel Geld bekommt er zurück?

erledigt ☐
kontrolliert ☐

Mittwoch

Mathilda möchte dem Baby von ihrem Taschengeld eine Wiege kaufen. Die Wiege kostet 89,99 Euro. Mathilda hat bereits 75,04 Euro gespart. Wie viel Geld fehlt ihr noch?

erledigt ☐
kontrolliert ☐

Donnerstag

Der Arzt legt den Geburtstermin auf den 27. März fest. Doch das Baby kommt um genau 12 Tage zu spät. An welchem Tag hat das Baby Geburtstag?

erledigt ☐
kontrolliert ☐

Freitag

Du bekommst 50 Euro und darfst dafür kleine Geschenke für Mathildas Geschwisterchen kaufen. Was suchst du dir aus und wie viel bezahlst du dafür?

Mützchen... 8,97 Euro
Rassel... 4,55 Euro
Mobile... 17,50 Euro

Krabbeldecke... 24,99 Euro
Kuscheltier... 12,95 Euro
Kreisel... 9,10 Euro

erledigt ☐
kontrolliert ☐

Wochenplan Sachrechnen / Klasse 4 – Bestell-Nr. 12 662

Thema: Das Baby **Wochenplan:** ______

Name: ______________ **Klasse:** ______ **Datum:** ______

Montag Lösung	R: 40 – 24 = 16 R: 16 : 4 = 4 A: Mathilda muss noch etwa 4 Monate auf ihr Geschwisterchen warten.
Dienstag Lösung	R: 3 • 1199 ct = 3597 ct R: 1739 ct + 3597 ct = 5336 ct R: 10000 ct – 5336 ct = 4664 ct = 46,64 € A: Er bekommt 46,64 Euro zurück.
Mittwoch Lösung	R: 8999 ct – 7504 ct = 1495 ct = 14,95 € A: Es fehlen ihr noch 14,95 €.
Donnerstag Lösung	R: 27 + 4 = 31 R: 12 – 4 = 8 A: Das Baby hat am 8. April Geburtstag.
Freitag Lösung	Individuelle Lösungen möglich.

Thema: Tennisspiel **Wochenplan:** ______

Name: ____________________ **Klasse:** ______ **Datum:** ______

Montag

erledigt ☐
kontrolliert ☐

David spielt in einem Tennisclub. Zweimal in der Woche trainiert er 45 Minuten. Wie viele Stunden und Minuten sind das in einem Monat?

Dienstag

erledigt ☐
kontrolliert ☐

Bald finden die Kindermeisterschaften statt. Dafür nimmt David fünf Extra-Stunden mit seiner Tennislehrerin. Eine Extra-Stunde kostet 38 €. Wie viel bezahlen Davids Eltern für die fünf Extra-Stunden?

Mittwoch

erledigt ☐
kontrolliert ☐

David spielt bei den Meisterschaften 12 Spiele. Jedes Spiel dauert im Durchschnitt 40 Minuten. Wie viele Stunden spielt David insgesamt?

Donnerstag

erledigt ☐
kontrolliert ☐

David freut sich. Zu seinem letzten Spiel kommt seine gesamte Klasse, um ihn anzufeuern. Das letzte Spiel beginnt um 14:20 und dauert sogar bis um 15:34. Wie lange spielt David?

Freitag

erledigt ☐
kontrolliert ☐

Setze ein, finde eine Frage und löse die Aufgabe.
Davids Mitschüler und Mitschülerinnen haben Plakate gestaltet, mit denen sie David anfeuern. Dazu haben sie aus gelbem Buntpapier Tennisbälle ausgeschnitten und auf die Plakate geklebt. Auf jedem der 7 Plakate sind _____ Tennisbälle.

Wochenplan Sachrechnen / Klasse 4 – Bestell-Nr. 12 662

Thema: Tennisspiel **Wochenplan:** ______

Name: ______________ **Klasse:** ______ **Datum:** ______

Montag **Lösung**	R: 2 • 45 min = 90 min R: 90 min • 4 = 360 min R: 360 min : 60 = 6 A: Das sind 6 Stunden in einem Monat.
Dienstag **Lösung**	R: 5 • 38 € = 190 € A: Davids Eltern bezahlen 190 Euro für die Extra-Stunden.
Mittwoch **Lösung**	R: 12 • 40 min = 480 min R: 480 min : 60 = 8 A: David spielt insgesamt 8 Stunden.
Donnerstag **Lösung**	R: 60 min − 20 min = 40 min R: 34 min + 40 min = 74 min A: David spielt 74 Minuten.
Freitag **Lösung**	Individuelle Lösungen möglich.

Thema: Räubertochter Ronja **Wochenplan:** ______

Name: ______________________ **Klasse:** ______ **Datum:** ______

Montag

☹ 😐 ☺

erledigt ☐

kontrolliert ☐

Räubertochter Ronjas Haare wachsen besonders schnell. In 216 Stunden wachsen sie um 7 cm. Wie viele Wochen und Tage sind das?

Dienstag

☹ 😐 ☺

erledigt ☐

kontrolliert ☐

Ronjas Papa Mattis kämmt seiner Tochter die Haare. Er braucht dafür 5 Minuten und 34 Sekunden. Ronjas Mama benötigt dafür sonst immer nur 3 Minuten und 48 Sekunden. Wie viele Minuten und Sekunden ist Ronjas Mama schneller?

Mittwoch

☹ 😐 ☺

erledigt ☐

kontrolliert ☐

Ronjas beste Freundin Rapunzel hat sogar noch längere Haare als Ronja. Während Ronjas Haare vom Scheitel bis zu den Spitzen 107 cm lang sind, sind Rapunzels Haare 3 m und 2 dm länger. Wie lang sind Rapunzels Haare?

Donnerstag

☹ 😐 ☺

erledigt ☐

kontrolliert ☐

Rapunzel und Ronja wollen im Sommer coole Kurzhaarfrisuren machen und gehen gemeinsam zum Frisör. Sie wollen ihre Haare genau auf 22 cm kurz abschneiden lassen. Wie viel Zentimeter Haare schneidet der Frisör beiden Mädchen zusammen ab?

Freitag

☹ 😐 ☺

erledigt ☐

kontrolliert ☐

Welche dieser Fragen kannst du mit dem, was du bis jetzt erfahren hast, nicht beantworten? Kreuze an!

O Wie lange wachsen Rapunzels Haare?
O Wie lang sind die Haare der beiden Mädchen insgesamt?
O Wie lang waren Ronjas Haare, bevor sie um 7 cm gewachsen sind?
O Wie viel Liter Haarshampoo braucht Rapunzel im Monat?

Thema: Räubertochter Ronja **Wochenplan:** ______

Name: ______________ **Klasse:** ______ **Datum:** __________

Montag **Lösung**	R: 216 h : 24 = 9 R: 9 – 7 = 2 A: Das sind 1 Woche und 2 Tage.
Dienstag **Lösung**	R: 60 s – 48 s = 12 s R: 12 s + 34 s + 60 s = 106 s = 1 min 46 s A: Ronjas Mama ist 1 min 46 s schneller.
Mittwoch **Lösung**	R: 107 cm + 320 cm = 427 cm A: Rapunzels Haare sind 427 Zentimeter lang.
Donnerstag **Lösung**	R: 427 cm + 107 cm = 534 cm R: 2 • 22 cm = 44 cm R: 534 cm – 44 cm = 490 cm A: Der Frisör schneidet den beiden Mädchen insgesamt 490 Zentimeter Haare ab.
Freitag **Lösung**	X ~~Wie lange wachsen Rapunzels Haare?~~ O Wie lang sind die Haare der beiden Mädchen insgesamt? O Wie lang waren Ronjas Haare, bevor sie um 7cm gewachsen sind? X ~~Wie viel Liter Haarshampoo braucht Rapunzel im Monat?~~

Thema: Wochenaufgabe **Wochenplan:** ______

Name: ______________________ **Klasse:** ______ **Datum:** __________

Mo-Fr

An welche Zahlen denken die Kinder?

1. „Meine Zahl ist ein Drittel der größten dreistelligen Zahl."
   Die Zahl heißt: _____________

2. „Meine Zahl ist die größte vierstellige Zahl, die du mit den Ziffern 4, 9, 1 und 7 bilden kannst."
   Die Zahl heißt: _____________

3. „Meine Zahl liegt zwischen 18850 und 18860. Die Ziffernsumme meiner Zahl ist um 9 kleiner als das Produkt von 8 mal 4."
   Die Zahl heißt: _____________

4. „Meine Zahl liegt genau in der Mitte zwischen 5006 und 6086."
   Die Zahl heißt: _____________

5. Denke dir heute selbst ein Zahlenrätsel aus!

erledigt ☐

kontrolliert ☐

Thema: Wochenaufgabe **Wochenplan:** ______

Name: ______ **Klasse:** ______ **Datum:** ______

Mo-Fr

Lösung

❶ R: 999 : 3 = 333
Die Zahl heißt 333.

❷ Die Zahl heißt 9741.

❸ R: 8 • 4 = 32
R: 32 – 9 = 23
R: 18850 = 1 + 8 + 8 + 5 + 0 = 22
18851 = 1 + 8 + 8 + 5 + 1 = 23
Die Zahl heißt 18851.

❹ R: 6086 – 5006 = 1080
R: 1080 : 2 = 540
R: 5006 + 540 = 5546
Die Zahl heißt 5546.

❺ Individuelle Lösungen möglich.

Thema: Sport **Wochenplan:** ______

Name: ______________________ **Klasse:** ________ **Datum:** ____________

Montag

erledigt ☐
kontrolliert ☐

Jada, Rico, Nora und Evelyn machen in ihrer Freizeit gerne Sport. Jada spielt Baseball und erzählt ihren Freunden: „Bei Baseball wird dem Pitcher ein Ball zugespielt. Trifft er diesen, muss ich ganz schnell am Rand des Spielfeldes eine Runde laufen. Unser Spielfeld ist ein Quadrat mit einer Seitenlänge von 27 Metern." Wie viele Meter muss Jada laufen, wenn sie einmal um das gesamte Spielfeld läuft?

Dienstag

erledigt ☐
kontrolliert ☐

Rico erklärt: „Ich spiele Tennis. Mein Spielfeld ist 23 Meter lang und 8 Meter breit. Ich denke, auf meinem Tennisplatz müsstest du mehr Meter laufen." Hat Rico damit recht?

Mittwoch

erledigt ☐
kontrolliert ☐

Nora meint: „Das ist ja noch gar nichts. Ich spiele Basketball in unserer Turnhalle. Unser Platz ist 28 Meter lang und 15 Meter breit. Neulich wurde unsere Turnhalle erneuert und der Boden neu verlegt. Das ist wirklich eine große Fläche." Wie groß ist diese Fläche genau?

Donnerstag

erledigt ☐
kontrolliert ☐

Evelyn macht Karate: „Meine Wettkampffläche ist ein Quadrat mit einer Seitenlänge von 8 Metern. Die ganze Wettkampffläche ist mit Matten ausgelegt, damit wir uns nicht verletzen. Eine Matte ist quadratisch und hat eine Seitenlänge von 1 Meter. Stellt euch einmal vor, wie viele Matten wir brauchen, um die gesamte Wettkampffläche auszulegen." Wie viele Matten werden benötigt?

Freitag

erledigt ☐
kontrolliert ☐

Setze ein, finde eine passende Frage und löse die Aufgabe.
Die vier Freude machen ein Wettrennen. Sie wollen _____ Mal um den kleinen Sportplatz herum laufen. Der kleine Sportplatz ist 15 Meter lang und 7 Meter breit.

KOHL VERLAG Wochenplan Sachrechnen / Klasse 4 – Bestell-Nr. 12 662

Thema: Sport **Wochenplan:** ______

Name: ______________ **Klasse:** ______ **Datum:** ______

Montag **Lösung**	R: 27 m • 4 = 108 m A: Jada muss 108 m um das gesamte Spielfeld laufen.
Dienstag **Lösung**	R: 23 m • 2 + 8 m • 2 = 46 m + 16 m = 62 m A: Damit hat Rico nicht recht.
Mittwoch **Lösung**	R: 28 m • 15 m = 420 m^2 A: Das sind 420 m^2.
Donnerstag **Lösung**	R: 8 m • 8 m = 64 m^2 R: 1 m • 1 m = 1 m^2 R: 64 m^2 : 1 = 64 A: Es werden 64 Matten benötigt.
Freitag **Lösung**	Individuelle Lösungen möglich.

Thema: Hundewettbewerb **Wochenplan:** ______

Name: ______________________ **Klasse:** ______ **Datum:** ______

Montag

Waldi soll bei einem Hundewettbewerb teilnehmen. Er hat aber keine Lust dazu. „Komm, Waldi! Ich habe hier eine Wurst für dich, die ich in 15 Scheiben geteilt habe. Wenn du brav mitkommst, gebe ich dir jetzt ein Drittel davon und den Rest, wenn wir wieder zuhause sind", lockt ihn sein Frauchen. Waldi rechnet nach. Wie viele Wurstscheiben bekommt er jetzt?

erledigt ☐
kontrolliert ☐

Dienstag

Zum Hundewettbewerb treten 72 Hunde an. Davon sind zwei Achtel Mischlingshunde, ein Achtel Dackel, drei Achtel Schäferhunde. Die übrigen Hunde sind Bernhardiner. Wie viele Hunde sind das jeweils?

erledigt ☐
kontrolliert ☐

Mittwoch

Die Hunde haben 54 Minuten Zeit sich einer Jury zu präsentieren. In der ersten Hälfte der Zeit werden sie untersucht und ihr Fell wird begutachtet. Die zweite Hälfte der Zeit wird aufgeteilt: zwei Drittel der Zeit sollen die Hunde Aufgaben lösen, ein Drittel der Zeit müssen sie durch einen Parcours laufen. Wie viele Minuten lang sollen die Hunde Aufgaben lösen?

erledigt ☐
kontrolliert ☐

Donnerstag

Waldi gewinnt den Hundewettbewerb und bekommt zur Belohnung eine Wurstkette mit 105 kleinen Würstchen. Am liebsten würde Waldi sie sofort alle fressen. Doch sein Frauchen sagt streng: „Nein, Waldi. Wir teilen die 105 Würstchen auf eine Woche auf." Wie viele Würstchen darf Waldi jeden Tag fressen?

erledigt ☐
kontrolliert ☐

Freitag

Welche dieser Fragen kannst du mit dem, was du bis jetzt erfahren hast, nicht beantworten? Kreuze an:

O Wie viele Minuten lang werden die Hunde untersucht?
O Wie viele Wurstscheiben bekommt Waldi, wenn er mit seinem Frauchen heimkommt?
O Wie viele Würstchen bekommt der Hund, der den zweiten Platz erreicht?
O Wie alt ist Waldis Frauchen?

erledigt ☐
kontrolliert ☐

Thema: Hundewettbewerb **Wochenplan:** ______

Name: ______________________ **Klasse:** ________ **Datum:** __________

Montag

Lösung

R: 15 : 3 = 5
A: Waldi bekommt jetzt 5 Scheiben Wurst.

Dienstag

Lösung

R: 72 : 8 = 9
R: 9 • 2 = 18
R: 9 • 3 = 27
R: 9 + 18 + 27 = 54
R: 72 – 54 = 18
A: Es gibt 18 Mischlingshunde, 9 Dackel, 27 Schäferhunde und 18 Bernhardiner.

Mittwoch

Lösung

R: 54 min : 2 = 27 min
R: 27 min : 3 = 9 min
R: 9 min • 2 = 18 min
A: Die Hunde sollen 18 Minuten lang Aufgaben lösen.

Donnerstag

Lösung

R: 105 : 7 = 15
A: Waldi darf jeden Tag 15 Würstchen fressen.

Freitag

Lösung

O Wie viele Minuten lang werden die Hunde untersucht?
O Wie viele Wurstscheiben bekommt Waldi, wenn er mit seinem Frauchen heimkommt?
X ~~Wie viele Würstchen bekommt der Hund, der den zweiten Platz erreicht?~~
X ~~Wie alt ist Waldis Frauchen?~~

Thema: Computerspiele **Wochenplan:** ______

Name: ________________ **Klasse:** ______ **Datum:** ________

Montag

erledigt ☐
kontrolliert ☐

Fred spielt gern Computerspiele. Das neue Spiel im Schaufenster kostet 54,30 Euro. Fred hat 37,08 Euro gespart. Zu seinem Geburtstag bekommt er von Tante Ida 30 Euro geschenkt. Onkel Gustav schenkt ihm ebenfalls 30 Euro. In seiner Hosentasche findet Fred 2,92 Euro. Wie viel Euro hat Fred gespart?

Dienstag

erledigt ☐
kontrolliert ☐

Freds Papa tauscht Freds Ersparnisse gegen einen 100-Euro-Schein. Fred bezahlt das neue Computerspiel mit dem 100-Euro-Schein. Wie viel Geld bekommt Fred zurück?

Mittwoch

erledigt ☐
kontrolliert ☐

Fred darf jeden Tag 45 Minuten auf dem Computer spielen. Wie viele Minuten sind das in einer Woche?

Donnerstag

erledigt ☐
kontrolliert ☐

Freds Freund Anton darf in einer Woche 6 Stunden auf dem Computer spielen. Ist das mehr oder weniger Zeit, als Fred vor dem Computer verbringen darf?

Freitag

erledigt ☐
kontrolliert ☐

Setze ein und löse die Aufgabe.
Lucy möchte das neue Fußball-Computerspiel kaufen. Es kostet ___________ Euro. Lucy bezahlt mit einem 100-Euro-Schein. Wie viel Geld bekommt sie zurück?

KOHL VERLAG Wochenplan Sachrechnen / Klasse 4 – Bestell-Nr. 12 662

Thema: Computerspiele **Wochenplan:** ______

Name: ______________________ **Klasse:** ______ **Datum:** __________

Montag Lösung	R: 3708 ct + 3000 ct + 3000 ct + 292 ct = 10000 ct = 100 € A: Fred hat 100 Euro gespart.
Dienstag Lösung	R: 10000 ct – 5430 ct = 4570 ct = 45,70 € A: Fred bekommt 45,70 € zurück.
Mittwoch Lösung	R: 45 min • 7 = 315 min A: Das sind in einer Woche 315 Minuten.
Donnerstag Lösung	R: 60 min • 6 = 360 min A: Anton verbringt mehr Zeit vor dem Computer, als Fred.
Freitag Lösung	Individuelle Lösungen möglich.

Thema: Der Kochtopf **Wochenplan:** ______

Name: ______________________ **Klasse:** ______ **Datum:** ______

Montag ☹ 😐 ☺ erledigt ☐ kontrolliert ☐	Dem Kochtopf reicht es. Schon wieder hat jemand die Milch in ihm übergehen lassen. Beleidigt läuft er davon. Der Kochtopf rennt die Gasse entlang. Dabei verliert er 120 ml Milch. Nun sind noch eineinhalb Liter Milch in dem Topf. Wie viele Liter waren es zuvor?
Dienstag ☹ 😐 ☺ erledigt ☐ kontrolliert ☐	Durch ein Fenster sieht der Kochtopf ein riesiges Fass. In das Fass passen 225 Liter. „Das sind ja 75-mal mehr Liter, als bei mir hineinpassen", staunt der Topf. Wie viel Liter Flüssigkeit passen in den Topf?
Mittwoch ☹ 😐 ☺ erledigt ☐ kontrolliert ☐	Der Kochtopf läuft aus der Stadt hinaus. In der Gartengasse verliert er an einer Kreuzung 150 ml Milch. Als er um die Ecke in die Rübengasse saust, verliert er 45 ml Milch. Auf der Hauptstraße schlabbert eine gierige Katze 109 ml Milch aus dem Topf. Wie viel Milliliter Milch befinden sich noch in dem Kochtopf?
Donnerstag ☹ 😐 ☺ erledigt ☐ kontrolliert ☐	Der Kochtopf kommt an einer Weide vorbei. Eine Kuh hat Mitleid mit ihm und gibt ihm 1804 Milliliter Milch. Wie viel Liter sind nun in dem Kochtopf?
Freitag ☹ 😐 ☺ erledigt ☐ kontrolliert ☐	Denke dir eine passende Aufgabe und eine Frage aus und löse die Aufgabe.

Thema: Der Kochtopf **Wochenplan:** ______

Name: ______________________ **Klasse:** ______ **Datum:** __________

Montag **Lösung**	R: 1500 ml + 120 ml = 1620 ml A: Zuvor waren es 1620 Milliliter Milch.
Dienstag **Lösung**	R: 225 l : 75 = 3 l A: In den Topf passen 3 Liter Flüssigkeit.
Mittwoch **Lösung**	R: 150 ml + 45 ml + 109 ml = 304 ml R: 1500 ml – 304 ml = 1196 ml A: Es befinden sich noch 1196 ml Milch in dem Kochtopf.
Donnerstag **Lösung**	R: 1196 ml + 1804 ml = 3000 ml A: In dem Kochtopf befinden sich nun 3 Liter Milch.
Freitag **Lösung**	Individuelle Lösungen möglich.

Thema: Die Biberfamilie **Wochenplan:** ______

Name: ____________________ **Klasse:** ______ **Datum:** ______

Montag

erledigt ☐
kontrolliert ☐

Biber Bebo hat einen großen Damm. Der Damm besteht aus 7895 kurzen Stämmen und 3098 langen Stämmen. Wie viele Stämme sind das insgesamt?

Dienstag

erledigt ☐
kontrolliert ☐

Die Biberfamilie zieht um. Ihr neuer Damm besteht zwar nur aus der Hälfte der langen Stämme, dafür aber aus viermal mehr kurzen Stämmen, als der Damm zuvor. Aus wie vielen Stämmen besteht der neue Damm?

Mittwoch

erledigt ☐
kontrolliert ☐

Die Biberkinder Bubu und Baba wollen ihren eigenen kleinen Damm zum Spielen bauen. Zusammen tragen die Biberkinder ein Drittel der Stämme ihres neuen Damms auf eine Wiese. Wie viele Stämme sind das?

Donnerstag

erledigt ☐
kontrolliert ☐

Die Biberkinder tragen die Stämme, die sie zum Spielen verwendet haben, wieder zurück zum Damm. Zur Einweihungsparty bringen die Biber der Nachbarschaft neue Stämme mit. Nun besteht der Damm von Biber Bebo aus 34474 Stämmen. Wie viele Stämme haben die anderen Biber mitgebracht?

Freitag

erledigt ☐
kontrolliert ☐

Welche dieser Fragen kannst du mit dem, was du bis jetzt erfahren hast, nicht beantworten? Kreuze an:

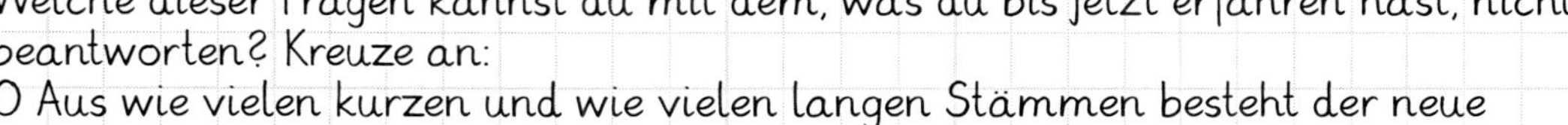

- O Aus wie vielen kurzen und wie vielen langen Stämmen besteht der neue Biberdamm nach der Einweihungsparty?
- O Um wie viel mehr kurze als lange Stämme besteht der Biberdamm, bevor die Biberkinder Stämme wegnehmen?
- O Wie lange braucht Biber Bebo, um seinen Damm zu bauen?
- O Aus wie vielen Stämmen besteht der Damm, nachdem die Biberkinder Stämme weggetragen haben?

KOHL VERLAG Wochenplan Sachrechnen / Klasse 4 – Bestell-Nr. 12 662

Thema: Die Biberfamilie **Wochenplan:** ______

Name: ______________________ **Klasse:** ______ **Datum:** __________

Montag **Lösung**	R: 7895 + 3098 = 10993 A: Das sind insgesamt 10993 Stämme.
Dienstag **Lösung**	R: 3098 : 2 = 1549 R: 7895 • 4 = 31580 R: 1549 + 31580 = 33129 A: Der neue Damm besteht aus 33129 Stämmen.
Mittwoch **Lösung**	R: 33129 : 3 = 11043 A: Das sind 11043 Stämme.
Donnerstag **Lösung**	R: 34474 – 33129 = 1345 A: Die anderen Biber haben 1345 Stämme mitgebracht.
Freitag **Lösung**	X ~~Aus wie vielen kurzen und wie vielen langen Stämmen besteht der neue Biberdamm nach der Einweihungsparty?~~ O Um wie viel mehr kurze als lange Stämme besteht der Biberdamm, bevor die Biberkinder Stämme wegnehmen? X ~~Wie lange braucht Biber Bebo, um seinen Damm zu bauen?~~ O Aus wie vielen Stämmen besteht der Damm, nachdem die Biberkinder Stämme weggetragen haben?

Thema: Modellschiffe **Wochenplan:** ______

Name: ____________ **Klasse:** ______ **Datum:** ______

Montag

Herr Meier baut wunderschöne Modellschiffe. An seinem Segelschiff „Flügelschlag" hat er an neun Tagen jeweils 45 Minuten gearbeitet. Wie lange hat er insgesamt für das Schiff gebraucht?

erledigt ☐
kontrolliert ☐

Dienstag

Nun arbeitet er an einem Modell des Schiffs „Titanic", ein berühmtes Schiff, das vor über 100 Jahren unterging. Das Modell ist im Maßstab 1:300. Das bedeutet, dass das echte Schiff etwa 300-mal größer war, als das Modellschiff. Das Modell hat eine Länge von 920 mm. Wie lang war das echte Schiff Titanic?

erledigt ☐
kontrolliert ☐

Mittwoch

Das Modell der Titanic ist aber nicht das größte Modell, das Herr Meier hat. Sein größtes Schiffsmodell ist das Hochseeschiff „Nuestra Senora". Es wurde im Maßstab 1:46 gebaut. Das richtige Hochseeschiff war 51 Meter und 6 Zentimeter lang. Wie lang ist das Modell?

erledigt ☐
kontrolliert ☐

Donnerstag

Auf Herrn Meiers Schreibtisch steht ein kleines Modell eines Passagierschiffs. Das Modell ist 19 Zentimeter lang und im Maßstab 1: 1250 gebaut. Wie groß ist das Schiff in echt?

erledigt ☐
kontrolliert ☐

Freitag

Finde eine passende Frage und löse die Aufgabe.
Das Modell „Weiße Taube" ist 19 Zentimeter lang und im Maßstab 1:500 gebaut. Das Modell „Goldener Pirat" ist 280 Millimeter lang und im Maßstab 1:350 gebaut.

erledigt ☐
kontrolliert ☐

Thema: Modellschiffe **Wochenplan:** ______

Name: ______________________ **Klasse:** ______ **Datum:** __________

Montag

Lösung

R: 45 min • 9 = 405 min
A: Er hat insgesamt 405 Minuten für das Schiff gebraucht.

Dienstag

Lösung

R: 920 mm = 92 cm
R: 92 • 300 = 27600 cm = 276 m
A: Das echte Schiff Titanic war 276 Meter lang.

Mittwoch

Lösung

R: 5106 cm : 46 = 111 cm
A: Das Modell ist 111 Zentimeter lang.

Donnerstag

Lösung

R: 19 cm • 1250 = 23750 cm = 237 Meter 50 Zentimeter
A: Das Schiff ist in echt 237 Meter 50 Zentimeter lang.

Freitag

Lösung

Individuelle Lösungen möglich.

Thema: Poster **Wochenplan:** ______

Name: ______________________ **Klasse:** ______ **Datum:** ______

Montag

erledigt ☐
kontrolliert ☐

Jay liebt die Band „Sunshine". Sie hat 31 kleine und 9 große Poster gesammelt. Sieben Achtel davon möchte sie aufkleben. Wie viele sind das?

Dienstag

erledigt ☐
kontrolliert ☐

Ein kleines Poster ist 190 mm breit und 320 mm lang. Ein großes Poster ist 440 mm lang und 270 cm breit. Wie viel Quadratzentimeter hat ein kleines Poster und wie viele Quadratzentimeter hat ein großes Poster?

Mittwoch

erledigt ☐
kontrolliert ☐

Wie viel Quadratmeter und Quadratzentimeter der Wand in ihrem Zimmer kann Jay mit 28 kleinen Postern und 7 großen Postern tapezieren?

Donnerstag

erledigt ☐
kontrolliert ☐

Jay überlegt, wie viele Poster sie noch sammeln muss, damit die leere Wand neben ihrem Bett vom Boden bis zur Decke mit Postern ihrer Lieblingsband beklebt ist. Die Wand ist 350 cm lang und 240 cm hoch. Wie viele Quadratmeter Fläche sind das?

Freitag

erledigt ☐
kontrolliert ☐

Denke dir eine passende Frage aus und löse die Aufgabe.
Jay möchte eine Wand ihres Kinderzimmers pink streichen. Ein Liter Farbe reicht für 10 Quadratmeter Fläche. Die Wand ist 40 dm lang und 24 dm hoch.

Wochenplan Sachrechnen / Klasse 4 – Bestell-Nr. 12 662

Thema: Poster **Wochenplan:** ______

Name: ______ **Klasse:** ______ **Datum:** ______

Montag **Lösung**	R: 31 + 9 = 40 R: 40 : 8 = 5 R: 5 • 7 = 35 A: Das sind 35 Poster.
Dienstag **Lösung**	R: 19 cm • 32 cm = 608 cm^2 R: 44 cm • 27 cm = 1188 cm^2 A: Ein kleines Poster hat 608 cm^2 und ein großes Poster hat 1188 cm^2.
Mittwoch **Lösung**	R: 608 cm^2 • 28 = 17024 cm^2 R: 1188 cm^2 • 7 = 8316 cm^2 R: 17024 cm^2 + 8316 cm^2 = 25340 cm^2
Donnerstag **Lösung**	R: 350 cm • 240 cm = 84000 cm^2 = 8,4 m^2 A: Das sind 8,4 m^2 Fläche.
Freitag **Lösung**	Individuelle Lösungen möglich.

Thema: Das Vogelnest **Wochenplan:** ______

Name: ____________________ **Klasse:** ______ **Datum:** __________

Montag

erledigt ☐
kontrolliert ☐

Vogelmama Piepa ist froh. Vogelpapa Zwitsch hat ein wunderbares Nest gebaut. Dafür hat er am ersten Tag 37 Minuten, am zweiten Tag 48 Minuten, am dritten Tag 12 Minuten und am vierten Tag 39 Minuten gearbeitet. Wie viele Stunden und Minuten hat der Vogelpapa an dem Nest gebaut?

Dienstag

erledigt ☐
kontrolliert ☐

Piepa legt sechs Eier in das Nest und brütet sie aus. Nach 288 Stunden schlüpft das erste Vögelchen aus dem Ei. Sechs Stunden später kommen zwei weitere Vögel aus den Eiern. Der nächste kleine Vogel schlüpft 9 Stunden nach dem zweiten Vogel. Der fünfte Vogel folgt 8 Stunden nach dem vierten Vögelchen. Der letzte kleine Piepmatz schlüpft eine Stunde nach dem fünften Vogel. Nach wie vielen Tagen schlüpft der letzte Vogel?

Mittwoch

erledigt ☐
kontrolliert ☐

Die kleinen Vögel sind sehr hungrig und wollen ständig gefüttert werden. Zwischen 6 Uhr am Morgen und 22 Uhr am Abend bringen die Vogeleltern jedem ihrer Kinder jede Stunde einen Wurm oder ein Insekt. Danach schlafen die Vögelchen bis zum nächsten Morgen. Wie viele Würmer oder Insekten frisst ein Vogelkind an einem Tag?

Donnerstag

erledigt ☐
kontrolliert ☐

Vogelbaby Tschirp wiegt nur sechs Gramm, als es aus seinem Ei schlüpft. Danach nimmt es im Durchschnitt jeden Tag etwa 5 Gramm zu. Als es 76 Gramm wiegt, verlässt Tschirp sein Nest. Wie viele Tage nach dem Schlupf verlässt Tschirp sein Nest?

Freitag

erledigt ☐
kontrolliert ☐

Welche dieser Fragen kannst du mit dem, was du bis jetzt erfahren hast, nicht beantworten?
Kreuze an:

O Wie viele Würmer oder Insekten frisst Vogelmama Piepa?
O Wie viel Gramm wiegt Tschirp am fünften Tag nach dem Schlüpfen?
O Aus wie vielen Zweigen hat Vogelpapa Zwitsch das Nest gebaut?
O Wie viele Würmer oder Insekten bringen die beiden Vogeleltern an einem Tag zum Nest?

Thema: Das Vogelnest **Wochenplan:** ______

Name: ______________________ **Klasse:** ______ **Datum:** __________

Montag **Lösung**	R: 37 min + 48 min + 12 min + 39 min = 136 min R: 136 min = 2 h 16 min A: Der Vogelpapa hat 2 Stunden 16 Minuten an dem Nest gebaut.
Dienstag **Lösung**	R: 288 h + 6 h + 9 h + 8 h + 1 h = 312 h R: 312 : 24 = 13 A: Der letzte Vogel schlüpft nach 13 Tagen.
Mittwoch **Lösung**	R: 22 h – 6 h = 16 h R: 16 • 1 = 16 A: Ein Vogelkind frisst 16 Würmer oder Insekten an einem Tag.
Donnerstag **Lösung**	R: 76 g – 6 g = 70 g R: 70 g : 5 = 14 R: 14 + 1 (Tag, an dem Tschirp aus dem Ei geschlüpft ist) = 15 A: Das ist am 15. Tag.
Freitag **Lösung**	X ~~Wie viele Würmer oder Insekten frisst Vogelmama Piepa?~~ O Wie viel Gramm wiegt Tschirp am fünften Tag nach dem Schlüpfen? X ~~Aus wie vielen Zweigen hat Vogelpapa Zwitsch das Nest gebaut?~~ O Wie viele Würmer oder Insekten bringen die beiden Vogeleltern an einem Tag zum Nest?

Thema: Backen **Wochenplan:** ______

Name: ______________ **Klasse:** ______ **Datum:** ______

Montag ☹ 😐 ☺ erledigt ☐ kontrolliert ☐	Leon darf an seinem Geburtstag Muffins in die Schule mitbringen. Gemeinsam mit seinem Papa kauft er im Supermarkt die Zutaten dafür ein: 1 kg Mehl, ein halbes Kilogramm Butter, 20 g Backpulver, ein halbes Kilogramm Puderzucker und 250 g Schokolade. Milch und Eier haben Leon und sein Papa bereits zuhause. Wie schwer ist der Einkauf?
Dienstag ☹ 😐 ☺ erledigt ☐ kontrolliert ☐	Für das Rezept benötigt Leon von dem Mehl 600 g, 240 g Butter, 18 g Backpulver, 420 g Puderzucker und 220 g Schokolade. Wie viel der jeweiligen Zutat ist noch übrig?
Mittwoch ☹ 😐 ☺ erledigt ☐ kontrolliert ☐	Außerdem möchte Leon Obstschälchen machen. Für ein Obstschälchen braucht Leon 90 g Quark, 30 g Erdbeeren, 20 g Trauben und 30 g Beeren. Wie viele Obstschälchen kann Leon aus 1,5 kg Quark herstellen?
Donnerstag ☹ 😐 ☺ erledigt ☐ kontrolliert ☐	Für eine Speckstange braucht Leon 13 g Speck. Wie viel Speck braucht Leon für 19 Speckstangen?
Freitag ☹ 😐 ☺ erledigt ☐ kontrolliert ☐	Denke dir eine passende Frage aus und löse die Aufgabe. Du möchtest Brioche-Hörnchen backen. Im Schrank steht 1 kg Mehl. 250 g Mehl genügen für 10 Brioche-Hörnchen.

Thema: Backen **Wochenplan:** ______

Name: ______________________ **Klasse:** ______ **Datum:** __________

Montag

Lösung

R: 1000 g + 500 g + 20 g + 500 g + 250 g = 2270 g
A: Der Einkauf ist 2 kg und 270 g schwer.

Dienstag

Lösung

R: 1000 g − 600 g = 400 g
R: 500 g − 240 g = 260 g
R: 20 g − 18 g = 2 g
R: 500 g − 420 g = 80 g
R: 250 g − 220 g = 30 g
A: Es bleiben 400 g Mehl, 260 g Butter, 2 g Backpulver, 80 g Puderzucker und 30 g Schokolade übrig.

Mittwoch

Lösung

R: 1500 g : 90 = 16, R. 60
A: Leon kann aus 1,5 kg Quark 16 Obstschälchen herstellen.

Donnerstag

Lösung

R: 13 g • 19 = 247 g
A: Für 19 Speckstangen braucht Leon 247 g Speck.

Freitag

Lösung

Individuelle Lösungen möglich.

Thema: Der Blauwal **Wochenplan:** ______

Name: ______________________ **Klasse:** ______ **Datum:** ________

Montag

erledigt ☐
kontrolliert ☐

Der Blauwal ist das größte Tier auf der Welt. Allein seine Zunge wiegt bereits vier Tonnen. Der Blauwal selbst wiegt so viel wie 60 Nashörner. Wie viel Tonnen wiegt der Blauwal, wenn ein Nashorn 3000 Kilogramm wiegt?

Dienstag

erledigt ☐
kontrolliert ☐

225 Kühe wiegen so viel wie ein Blauwal. Wie viel Kilogramm wiegt eine Kuh?

Mittwoch

erledigt ☐
kontrolliert ☐

Ein Blauwalbaby ist sehr hungrig. Es trinkt jeden Tag etwa 250 Liter Milch. In eine Badewanne passen etwa 150 Liter. Wie viele Badewannen voll Milch trinkt ein Blauwalbaby in drei Tagen?

Donnerstag

erledigt ☐
kontrolliert ☐

Blauwale, insbesondere der Antarktische Blauwal, sind vom Aussterben bedroht. Das bedeutet, dass es nur noch wenige Tiere gibt. Heute leben etwa noch 17 000 Blauwale. Im Jahr 1911 waren es etwa 11-mal so viele. Wie viele Blauwale gab es im Jahr 1911?

Freitag

erledigt ☐
kontrolliert ☐

Welche dieser Fragen kannst du mit dem, was du bis jetzt erfahren hast, nicht beantworten?
Kreuze an:

O Um wie viele Blauwale gibt es heute weniger als im Jahr 1911?
O Wie viel Liter Milch trinkt ein Blauwalbaby in einer Woche?
O Wie viele Nashörner wiegen zusammen so viel wie fünf Blauwale?
O Wie viel wiegt ein Krill?

Thema: Der Blauwal **Wochenplan:** ______

Name: ____________________ **Klasse:** ______ **Datum:** __________

Montag

Lösung

R: 3 t • 60 = 180 t
A: Der Blauwal wiegt 180 Tonnen.

Dienstag

Lösung

R: 180000 kg: 225 = 800 kg
A: Eine Kuh wiegt 800 Kilogramm.

Mittwoch

Lösung

R: 250 l • 3 = 750 l
R: 750 l : 150 l = 5
A: Ein Blauwalbaby trinkt in drei Tagen 5 Badewannen voll Milch.

Donnerstag

Lösung

R: 17000 • 11 = 187000
A: Im Jahr 1911 waren es noch 187000 Blauwale.

Freitag

Lösung

O Um wie viele Blauwale gibt es heute weniger als im Jahr 1911?
O Wie viel Liter Milch trinkt ein Blauwalbaby in einer Woche?
O Wie viele Nashörner wiegen zusammen so viel wie fünf Blauwale?
X ~~Wie viel wiegt ein Krill?~~

Thema: Wochenaufgabe Logical **Wochenplan:** ______

Name: ______________________ **Klasse:** ______ **Datum:** __________

Mo-Fr

☹ 😐 ☺

erledigt ☐

kontrolliert ☐

Löse das Logical! Du kannst an jedem Tag ein paar Hinweise richtig in dem Raster eintragen. Am Ende der Woche sollst du das Rätsel gelöst haben.

Taschengeld

Die vier Freunde Jonah, Theresa, Hector und Amal bekommen Taschengeld. Finde heraus, wer für was spart, wie viel Taschengeld jedes Kind in einer Woche bekommt, wie viel Geld es schon gespart hat und welche Aufgaben die Kinder im Haushalt haben, um sich ihr Taschengeld aufzubessern.

1. Jonah spart nicht auf ein neues Fahrrad.
2. Amal hat bereits mehr Geld gespart als Jonah und Theresa, aber weniger als Hector.
3. Hector spart auf ein neues Snowboard.
4. Für das neue Fahrrad wurden bereits 120 Euro gespart.
5. Amal spart nicht auf ein Sportgerät.
6. Das Kind, das am meisten Geld gespart hat, hat bereits 326 Euro im Sparschwein.
7. Das Kind, das sich ein Computerspiel wünscht, hilft beim Abwasch.
8. Jonah spart auf ein Skateboard. Er geht nicht einkaufen.
9. Theresa bringt jede Woche den Müll raus. Dafür bekommt sie 5 Euro Taschengeld in einer Woche.
10. Das Kind, das bereits 45 Euro gespart hat, bekommt jede Woche 3 Euro Taschengeld.
11. Zwei Kinder bekommen 10 Euro Taschengeld in der Woche. Eines davon hat bereits mehr als 300 Euro gespart.
12. Ein Kind macht jeden Tag die Katzentoilette sauber.

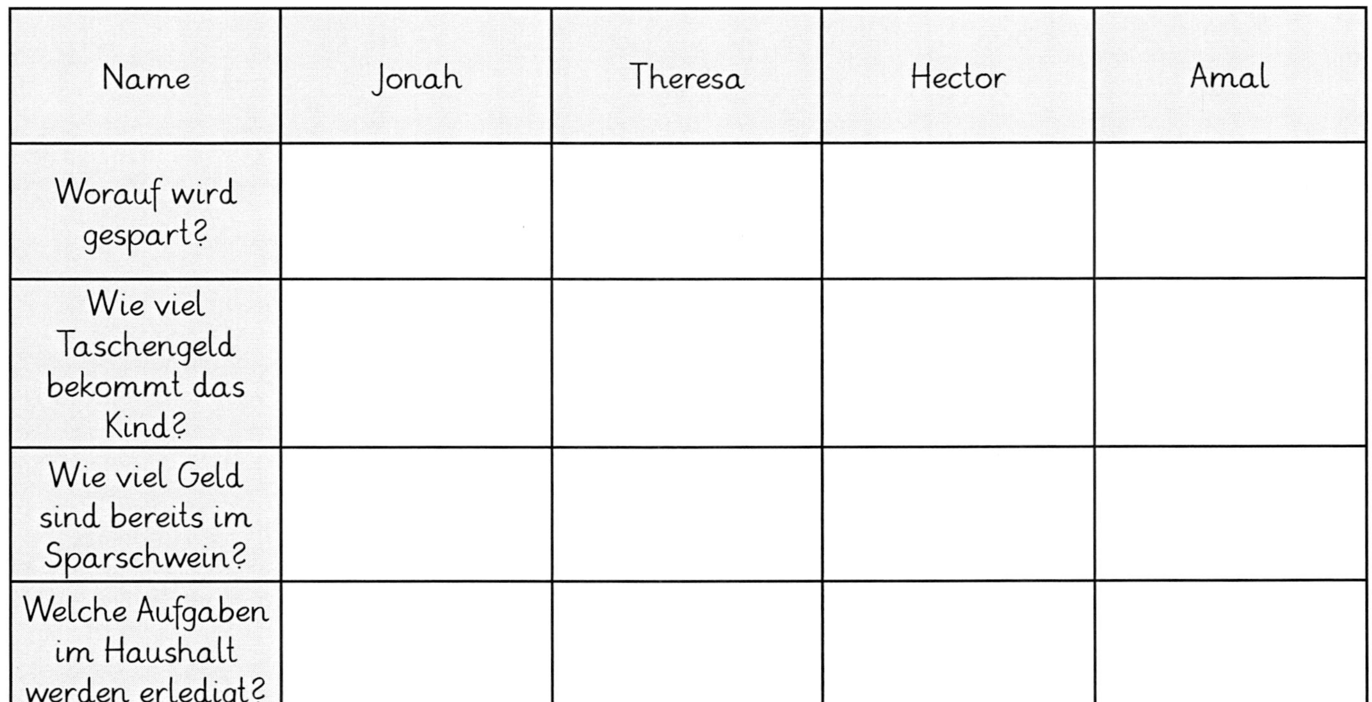

Name	Jonah	Theresa	Hector	Amal
Worauf wird gespart?				
Wie viel Taschengeld bekommt das Kind?				
Wie viel Geld sind bereits im Sparschwein?				
Welche Aufgaben im Haushalt werden erledigt?				

Thema: Wochenaufgabe Logical **Wochenplan:** ________

Name: ______________________ **Klasse:** ________ **Datum:** ____________

Mo-Fr

Lösung

Die vier Freunde Jonah, Theresa, Hector und Amal bekommen Taschengeld. Finde heraus, wer für was spart, wie viel Taschengeld jedes Kind in einer Woche bekommt, wie viel Geld es schon gespart hat und welche Aufgaben die Kinder im Haushalt haben, um sich ihr Taschengeld aufzubessern.

Name	Jonah	Theresa	Hector	Amal
Worauf wird gespart?	Skateboard	Fahrrad	Snowboard	Computerspiel
Wie viel Taschengeld bekommt das Kind?	€ 3,00	€ 5,00	€ 10,00	€ 10,00
Wie viel Geld sind bereits im Sparschwein?	€ 45,00	€ 120,00	€ 326,00	€ 300,00
Welche Aufgaben im Haushalt werden erledigt?	Macht die Katzentoilette sauber	Bringt den Müll raus	Geht Einkaufen	Hilft beim Abwasch

Thema: Bahnreise **Wochenplan:** ______

Name: ____________________ **Klasse:** ______ **Datum:** __________

Montag

erledigt ☐
kontrolliert ☐

Leona fährt mit ihrer großen Schwester mit dem Zug von Hamburg nach Wien. Es gibt einen Nachtzug, der direkt vom Hamburger Hauptbahnhof nach Wien fährt. Das Kinderticket für diese Verbindung kostet 98,45 Euro. Bei einem besonderen Sparangebot kostet das Kinderticket für eine Verbindung mit mehreren Zwischenstopps nur 64,50 Euro. Leona und ihre Schwester nehmen zwei Kindertickets von dem Sparangebot. Wie viel Geld haben sie damit insgesamt gespart?

Dienstag

erledigt ☐
kontrolliert ☐

Der Zug soll um 10:15 Uhr von Hamburg Hauptbahnhof losfahren und um 14:30 Uhr in Köln ankommen. Leider hat der Zug bereits vor Fahrtbeginn 7 Minuten Verspätung. Auf der Fahrt kommen noch weitere 24 Minuten Verspätung hinzu. 5 Minuten Verspätung kann der Zug aber wieder aufholen. Um wie viel Uhr kommt der Zug in Köln an?

Mittwoch

erledigt ☐
kontrolliert ☐

Leonas große Schwester wird unruhig: „Ohje, wir brauchen in Köln 9 Minuten, um umzusteigen. Der Zug nach Nürnberg fährt aber schon um 15:10 Uhr ab. Schaffen wir das?"

Donnerstag

erledigt ☐
kontrolliert ☐

Der Zug von Nürnberg nach Wien fährt um 19:08 Uhr ab und benötigt 4 Stunden und 14 Minuten. Wann kommt der Zug in Wien an?

Freitag

erledigt ☐
kontrolliert ☐

Setze eine Zahl ein und löse die Aufgabe.
Leonas Großeltern holen die Mädchen vom Bahnhof in Wien ab. Sie sind bereits ________ Minuten, bevor der Zug ankommt, am Bahnhof. Um wie viel Uhr sind Leonas Großeltern am Bahnhof?

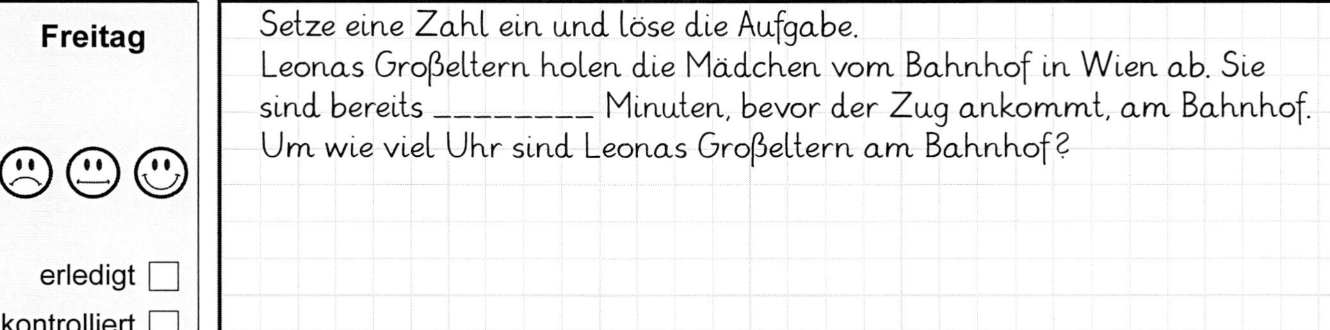

KOHL VERLAG Wochenplan Sachrechnen / Klasse 4 – Bestell-Nr. 12 662

Thema: Bahnreise **Wochenplan:** ______

Name: ______________________ **Klasse:** ______ **Datum:** __________

Montag

Lösung

R: 9845 ct • 2 = 19690 ct = 196,90 €
R: 6450 ct • 2 = 12900 ct = 129,00 €
R: 19690 ct – 12900 ct = 6790 ct = 67,90 €
A: Sie haben damit insgesamt 67,90 € gespart.

Dienstag

Lösung

R: 7 min + 24 min = 31 min
R: 31 min – 5 min = 26 min
R: 30 min + 26 min = 56 min
A: Der Zug kommt um 14:56 Uhr in Köln an.

Mittwoch

Lösung

R: 60 min – 56 min = 4 min
R: 9 min – 4 min = 5 min
A: Ja, sie schaffen das, denn sie können bereits um 15:05 Uhr beim Zug sein.

Donnerstag

Lösung

R: 19 h + 4 h = 23 h
R: 8 min + 14 min = 22 min
A: Der Zug kommt um 23:22 Uhr in Wien an.

Freitag

Lösung

Individuelle Lösungen möglich.

Thema: Abenteuerurlaub **Wochenplan:** ______

Name: ______________ **Klasse:** ______ **Datum:** ______

Montag

erledigt ☐
kontrolliert ☐

Herr Meier liebt Abenteuerurlaube. In Neuseeland gibt es eine Wasserrutsche, die etwa 6-mal so lang ist, wie die Länge eines Fußballfeldes. Ein Fußballfeld ist 68 Meter breit und 105 Meter lang. Auf dieser Wasserrutsche möchte Herr Meier unbedingt rutschen. Wie lang ist die Wasserrutsche in Neuseeland?

Dienstag

erledigt ☐
kontrolliert ☐

In Malaysia gibt es sogar eine noch längere Wasserrutsche. Es ist die längste Wasserrutsche der Welt. Die Wasserrutsche in Malaysia ist um einen halben Kilometer länger als die Wasserrutsche in Neuseeland. Wie lang ist die Wasserrutsche in Malaysia?

Mittwoch

erledigt ☐
kontrolliert ☐

In einem Tropenfluss will Herr Meier mit einem Krokodil um die Wette schwimmen. Das Krokodil schwimmt in einer Stunde 30 Kilometer. Herr Meier schafft in 1 Minute 110 Meter. Wer ist schneller?

Donnerstag

erledigt ☐
kontrolliert ☐

Zur Erholung beschließt Herr Meier auf einem Kamel weiterzureisen. Das Kamel kann ohne Gepäck 65 Kilometer weit gehen. Doch mit Herrn Meiers schweren Gepäck kommt es an einem Tag nur 37 Kilometer weit. Wie viele Tage braucht Herr Meier, bis er mit seinem Gepäck auf dem Kamel die nächste Oase erreicht, die 333 Kilometer entfernt ist?

Freitag

erledigt ☐
kontrolliert ☐

Welche dieser Fragen kannst du mit dem, was du bis jetzt erfahren hast, nicht beantworten? Kreuze an:

O Wo befindet sich die längste Wasserrutsche der Welt?
O Wie viele Tage braucht Herr Meier, um mit seinem Kamel eine Strecke von 185 Kilometer zurückzulegen?
O Wie viel Liter Wasser muss das Kamel trinken?
O Wie viele Meter schwimmt ein Krokodil in einer Minute?

Thema: Abenteuerurlaub **Wochenplan:** ______

Name: ______________________ **Klasse:** ________ **Datum:** ____________

Montag **Lösung**	R: 105 m • 6 = 630 m A: Die Wasserrutsche in Neuseeland ist 630 Meter lang.
Dienstag **Lösung**	R: 630 m + 500 m = 1130 m A: Die Wasserrutsche in Malaysia ist 1130 Meter lang.
Mittwoch **Lösung**	R: 110 m • 60 = 6600 m = 6,6 km A: Das Krokodil ist schneller als Herr Meier.
Donnerstag **Lösung**	R: 333 km : 37 = 9 A: Das Kamel braucht 9 Tage, um mit Herrn Meier zur Oase zu kommen.
Freitag **Lösung**	O Wo befindet sich die längste Wasserrutsche der Welt? O Wie viele Tage braucht Herr Meier, um mit seinem Kamel eine Strecke von 185 Kilometer zurückzulegen? X ~~Wie viel Liter Wasser muss das Kamel trinken?~~ O Wie viele Meter schwimmt ein Krokodil in einer Minute?